Wenn Sie nach Japan kommen

und dort das Wort Origami erwähnen, wird man Sie sehr gut verstehen. Das ist, als ob Sie das Wort »Pizza« in Italien oder das Wort »Bier« in Bayern erwähnen. Jeder Japaner wird wissen, daß Sie Papierfalten meinen. Und, da er sich wahrscheinlich über Ihre Neugierde für das Thema wundert, ist es gut möglich, daß er Ihnen in seiner freundlichen Art einige Informationen unterbreitet. Wahrscheinlich wird er Ihnen auch sogleich einen Kranich falten, das japanische Traditionsmodell, das jeder Japaner falten kann. Aber genauso wie weder Bier noch Pizza Privilegien ihrer Ursprungsländer sind, ist auch Origami heute nicht nur in Japan anzutreffen, sondern findet seine Verbreitung in unzähligen Ländern. ● Wer vorhat, sich tiefer mit den Wurzeln des Papierfaltens zu beschäftigen, wird auf zwei verschiedene Traditionen stoßen, von denen man annehmen muß, daß sie sich unabhängig voneinander entwickelt haben: eine asiatische Tradition chinesisch-japanischen Ursprungs und eine europäische Tradition, deren Ursprung in Spanien zu finden ist. ● Auch in Deutschland existieren zahllose Beweise für eine Tradition des Papierfaltens. Fast schon verloren, weil vergessen ... Erinnern Sie sich an Friedrich Fröbel, den »Erfinder« des Kindergartens, der vor über 150 Jahren Papierfalten zum festen Bestandteil seines Kindergarten-Konzepts machte. Die Vielfalt seiner Faltungen kann man heute noch im Fröbel-Museum in Bad Blankenburg bestaunen. ● Seitdem ich mich intensiv für Origami interessiere, habe ich herausgefunden, daß Origami nicht nur gefaltete Figuren bedeutet. Dahinter verbergen sich auch die Gesichter und sensiblen Hände derer, die irgendwann einmal diese Figuren – oder auch Modelle, wie man im Origami sagt – zum Leben erwecken. ● Auf den Spuren dieser Leute, dieser Erfinder, bin ich schon durch viele Länder gereist. In diesem Buch stelle ich einige Modelle vor, die ich auf diesen Reisen kennenlernte.

Falten bringt Entfaltungsmöglichkeiten!

Paulo Mulatinho

Paulo Mulatinho

Pfiffiges Origami

Mit Faltanleitungen Schritt für Schritt

Augustus Verlag

Inhalt

Was brauche ich fürs Origami?

Die Antwort ist leicht: Nur Papier! – Papier gibt es überall, in verschiedensten Qualitäten und Größen.
Geeignet ist alles, was gefällt und was sich falten läßt. Ob einfarbig oder bunt, ob dick oder dünn, ob glatt
oder rauh, ob aufwendig oder einfach, ob groß oder klein - alle Faktoren hängen vom eigenen Geschmack
und dem zu faltenden Modell ab. In Frage kommen Geschenkpapiere, Zeichenpapiere, Schreibpapier, Pack-
papier, Bastelpapier u.v.m. Der Nachteil dieser Papiere ist einzig, daß das Ausgangsformat für das Modell
(meistens ein Quadrat, manchmal ein DIN-Format) erst zurechtgeschnitten werden muß. Wer
sich diese Arbeit sparen möchte, kauft am besten fertiges Origami-Papier.
Dieses Papier ist schon in Quadrate zugeschnitten und ist fürs Falten
geeignet. Ein Päckchen Origami-Papier kann ich leicht überall
mit hinnehmen und bin so immer »falt-bereit«.
Vielleicht hat Ihr Schreibwarenhändler oder Bastelgeschäft schon
eine Auswahl vorrätig. Das wachsende Interesse an Origami
hat sich auch in Deutschland spürbar auf das
Angebot an Origami-Papier ausgewirkt.

Symbole

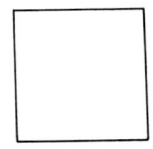

Farbe unten

Farbe oben

hin- und zurückfalten

das Modell muß umgedreht werden

die folgende Zeichnung wird vergrößert dargestellt

öffne das Modell an dieser Stelle, und falte es in die angezeigte Richtung

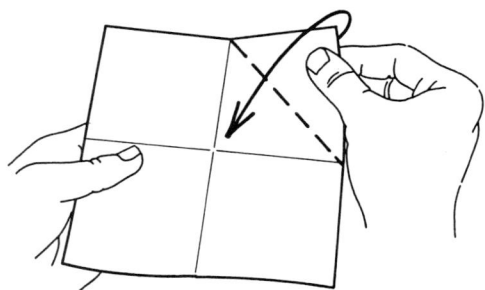

Falten ist eine simple Sache …

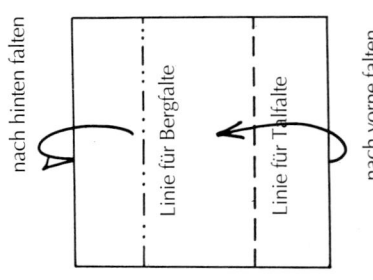

nach hinten falten

Linie für Bergfalte

Linie für Talfalte

nach vorne falten

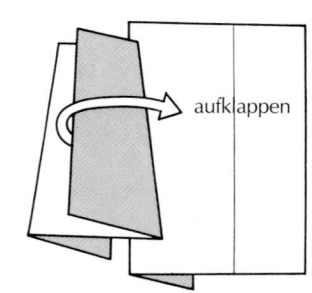

aufklappen

In den folgenden Anleitungen finden Sie in Form von Zeichnungen alle notwendigen Informationen für das Falten eines Modells. Linien und Pfeile bilden die Sprache dieser Anleitungen. Jedes dieser Symbole, die international Anwendung finden, hat seine eigene Bedeutung und ist hier erklärt. In den Anleitungen selber habe ich einen erklärenden zusätzlichen Text nur an den Stellen eingefügt, wo ich es als hilfreich erachte oder auf mögliche Fehlerquellen hinweisen möchte. Jeder einzelne Schritt zeigt, welche Faltung durchgeführt werden soll. Das Ergebnis dieser Faltung ist am nächsten Schritt in der darauffolgenden Zeichnung wiedergegeben.

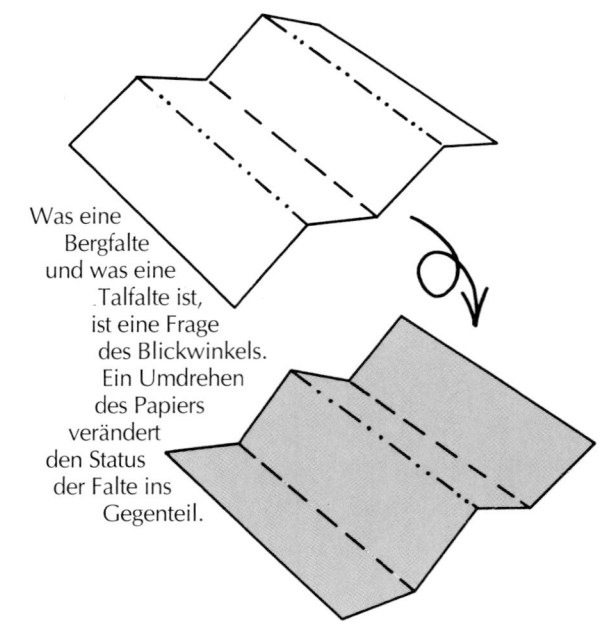

Was eine Bergfalte und was eine Talfalte ist, ist eine Frage des Blickwinkels. Ein Umdrehen des Papiers verändert den Status der Falte ins Gegenteil.

Die Origami-Anleitungen in diesem Buch bilden mit ihren Berg- und Talfalten und den verschiedenen Pfeiltypen eine Art »Sprache« zwischen Ihnen und mir: Sie möchten das gezeigte Modell nachfalten und ich möchte Ihnen den Faltvorgang an Hand der Zeichnungen erklären. Da wir keinen »echten« Dialog führen können, bleibt die Hoffnung, daß so wenig Mißverständnisse wie möglich zwischen uns auftreten. Sollten aber welche auftauchen, so liegt der Fehler sicherlich bei mir. Ich weiß aber auch, daß eine Anleitung nicht für jeden Anwender perfekt sein kann.

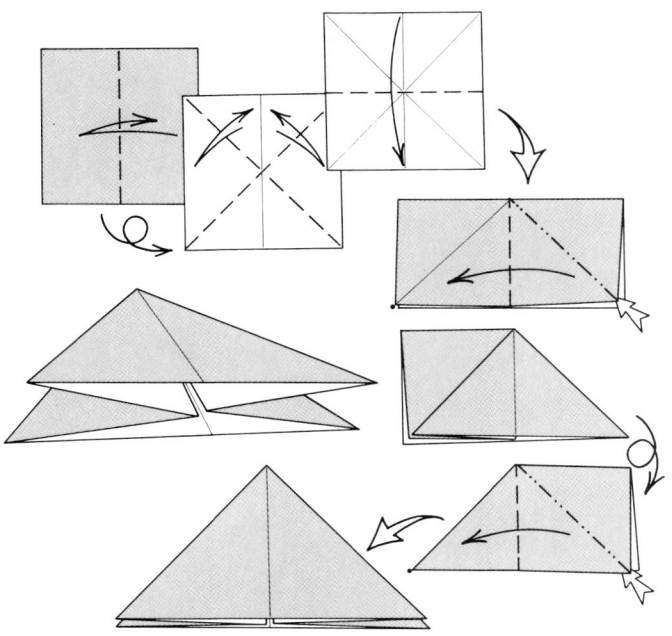

Hier die sogenannte Wasserbomben-Grundform …

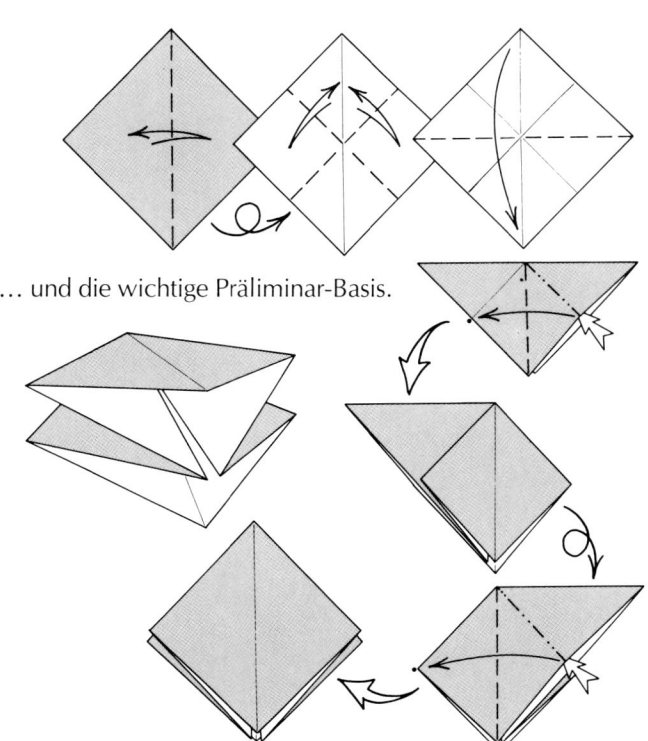

… und die wichtige Präliminar-Basis.

Gerade Anfänger, die noch nicht so vertraut sind mit den fast technisch wirkenden Zeichnungen, bleiben leicht einmal während des Faltvorgangs »hängen«, jeder an einer anderen Stelle. Da hilft kein Aspirin und kein Beten. Legen Sie die Arbeit beiseite, beschäftigen Sie sich zwischendurch mit etwas anderem, wahrscheinlich klappt es dann beim zweiten Versuch wie von alleine. Haben Sie keine Angst, Fehler zu machen. Vielleicht führen Ihre Fehler Sie ja auch zum Ziel. Wie bei einer Wegbeschreibung zum Bahnhof: man kann abkürzen, man kann sich verlaufen oder auch einen besonders schönen Weg finden …

Gegenbruch nach innen …

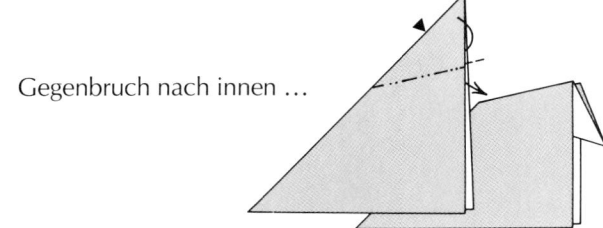

Einfaches
und
Erstaunliches

Briefumschlag

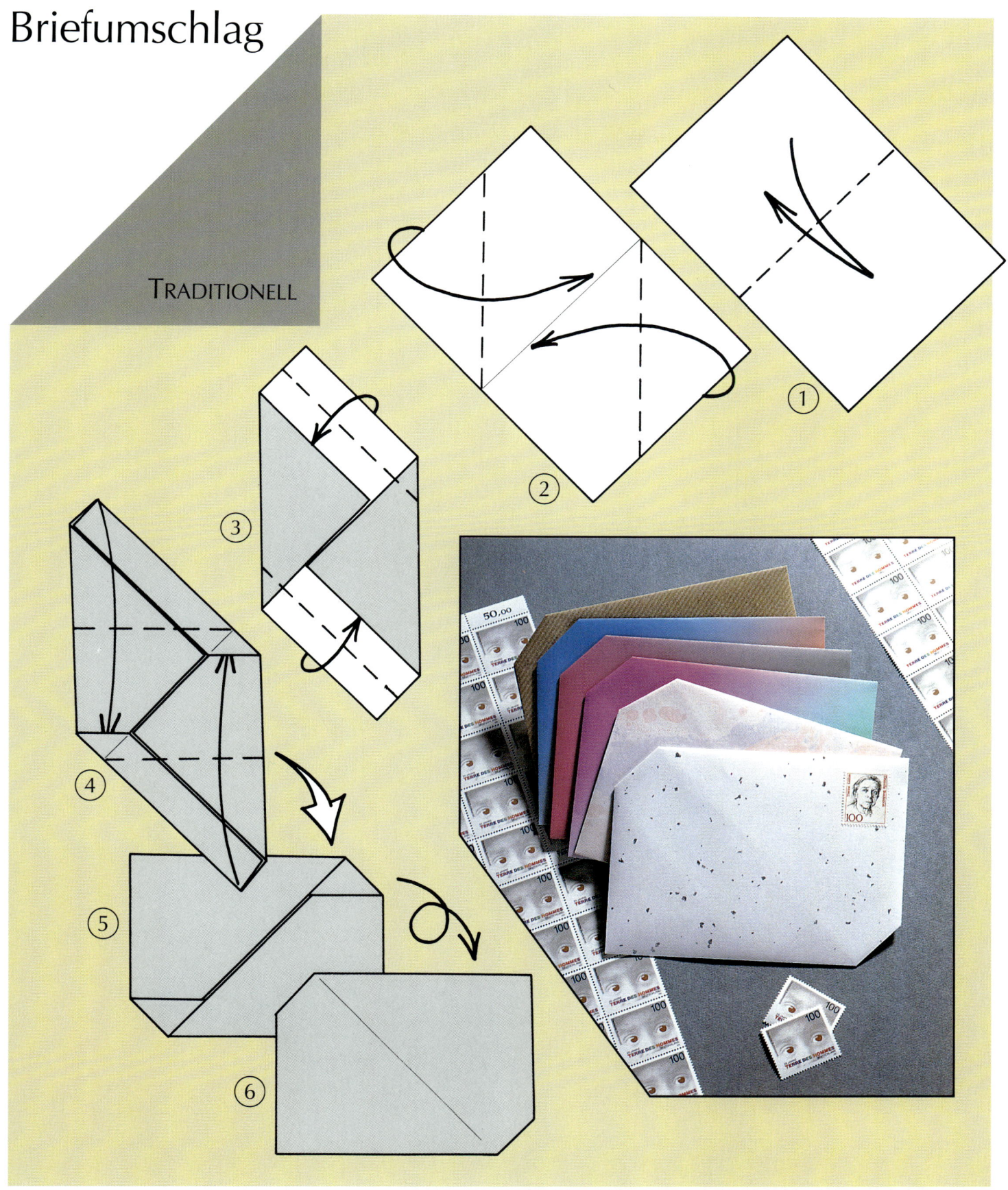

9

Crossed Box Pleat

THOKI YENN

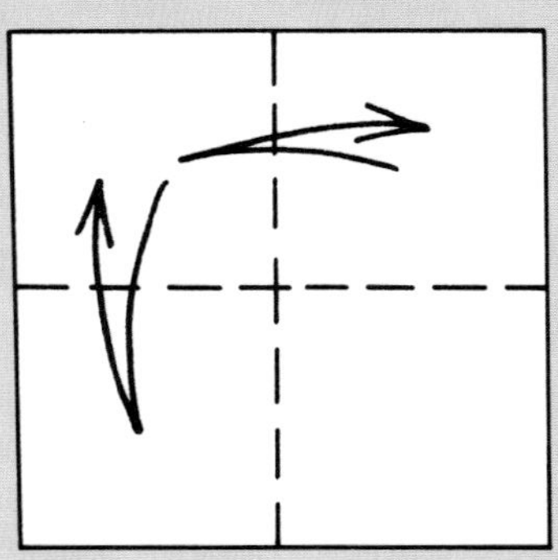

①

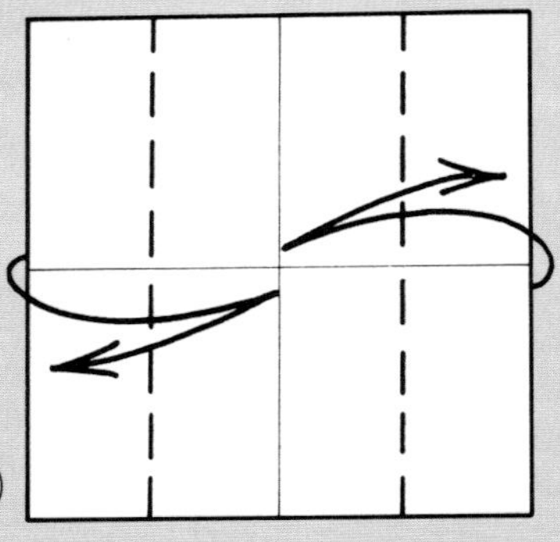

②

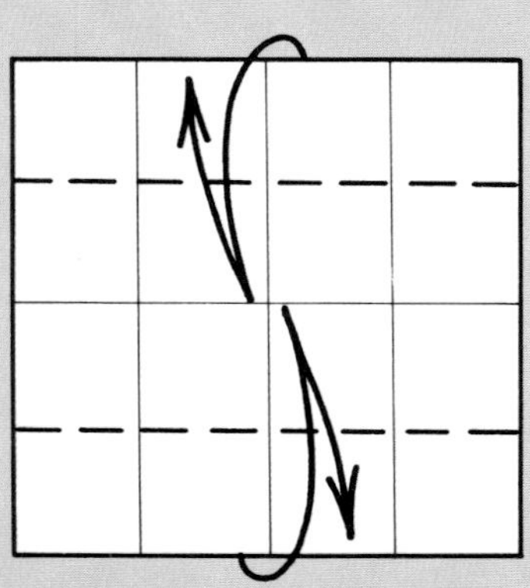

③

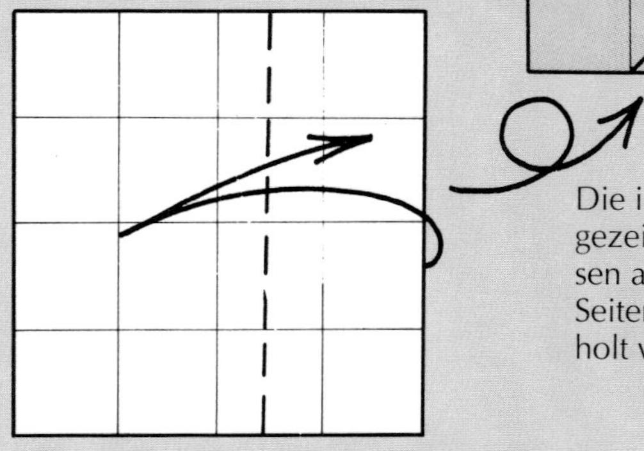

④

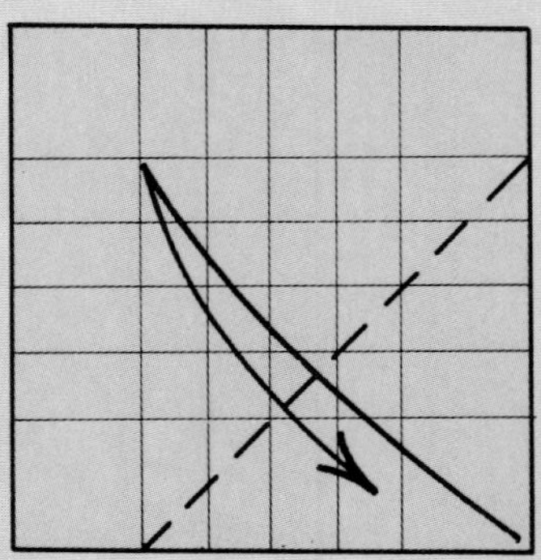

⑤

⑥

Die in Schritt 4, 5 und 6 gezeigten Faltungen müssen an den anderen drei Seiten bzw. Ecken wiederholt werden.

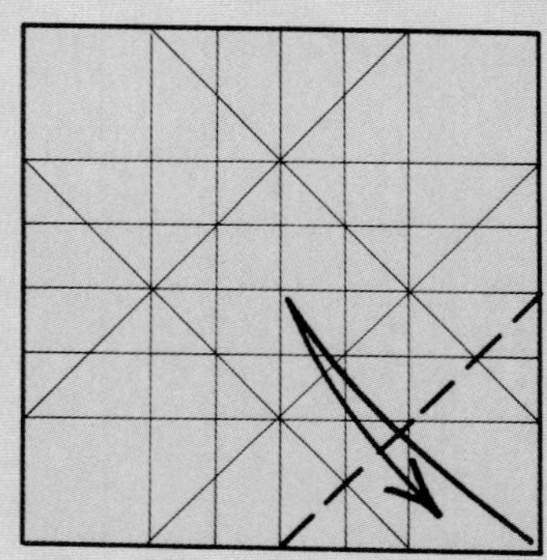

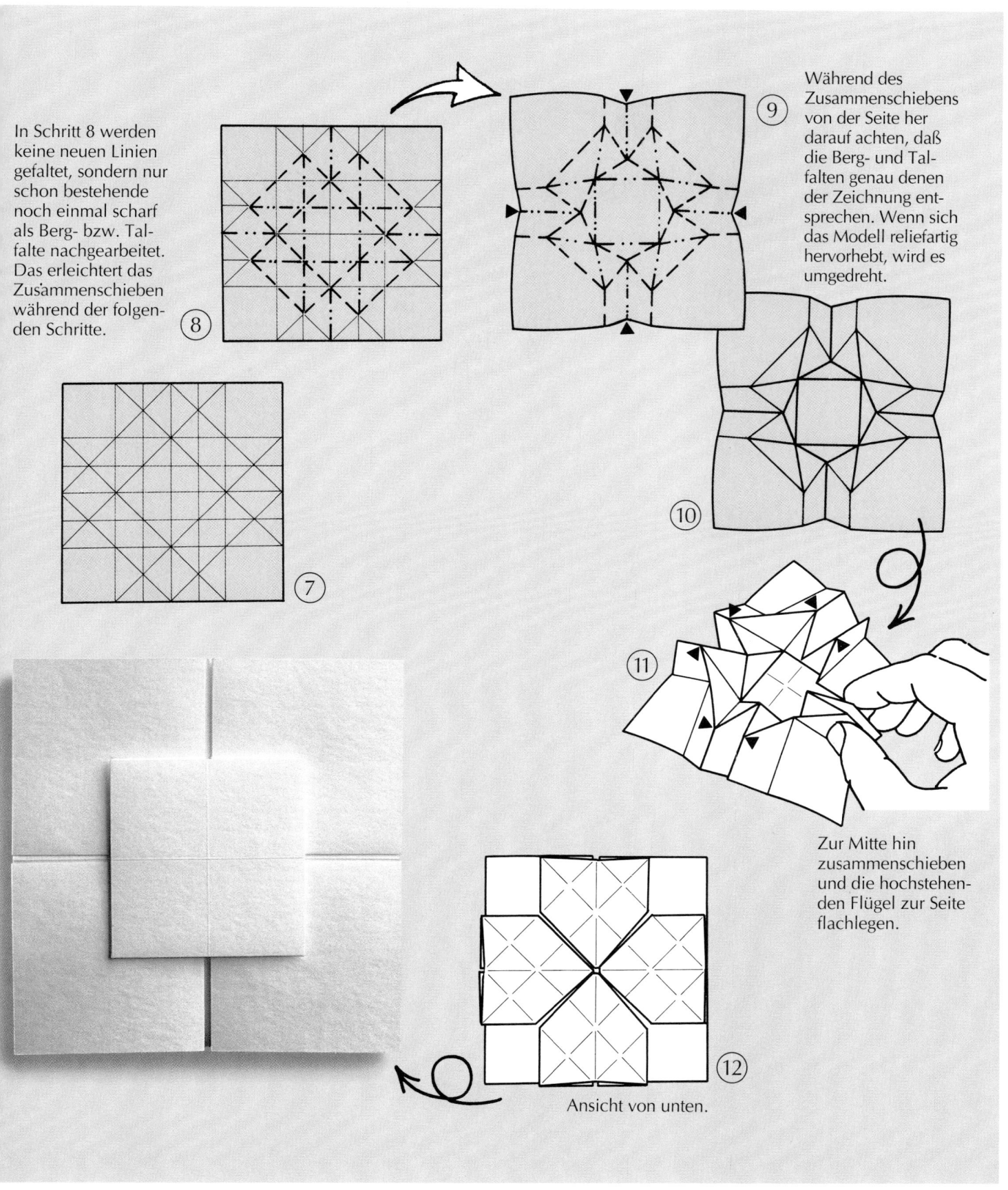

In Schritt 8 werden keine neuen Linien gefaltet, sondern nur schon bestehende noch einmal scharf als Berg- bzw. Talfalte nachgearbeitet. Das erleichtert das Zusammenschieben während der folgenden Schritte.

⑧

⑦

Während des Zusammenschiebens von der Seite her darauf achten, daß die Berg- und Talfalten genau denen der Zeichnung entsprechen. Wenn sich das Modell reliefartig hervorhebt, wird es umgedreht.

⑨

⑩

⑪

Zur Mitte hin zusammenschieben und die hochstehenden Flügel zur Seite flachlegen.

⑫

Ansicht von unten.

Nase mit Schnurrbart

GABRIEL ALVAREZ

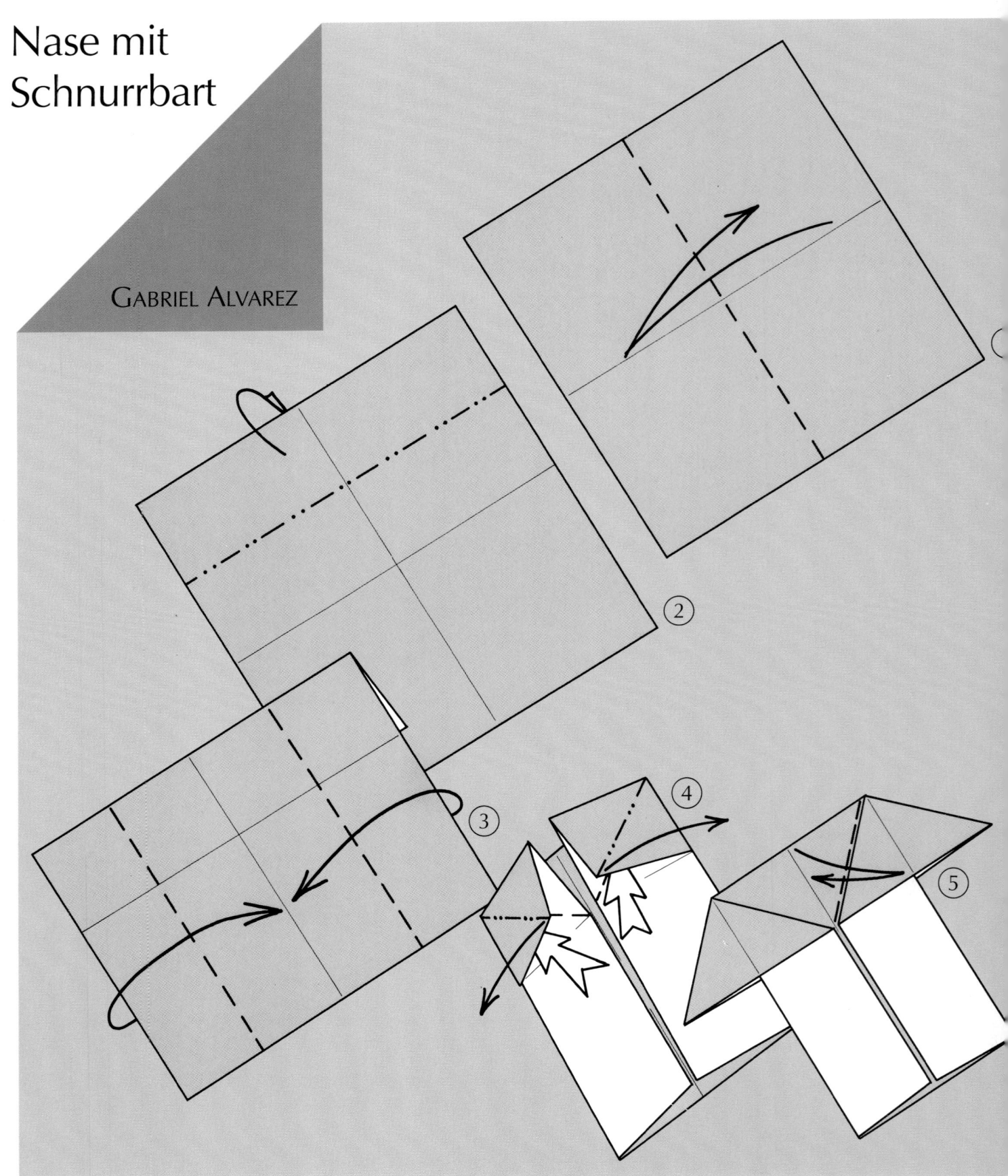

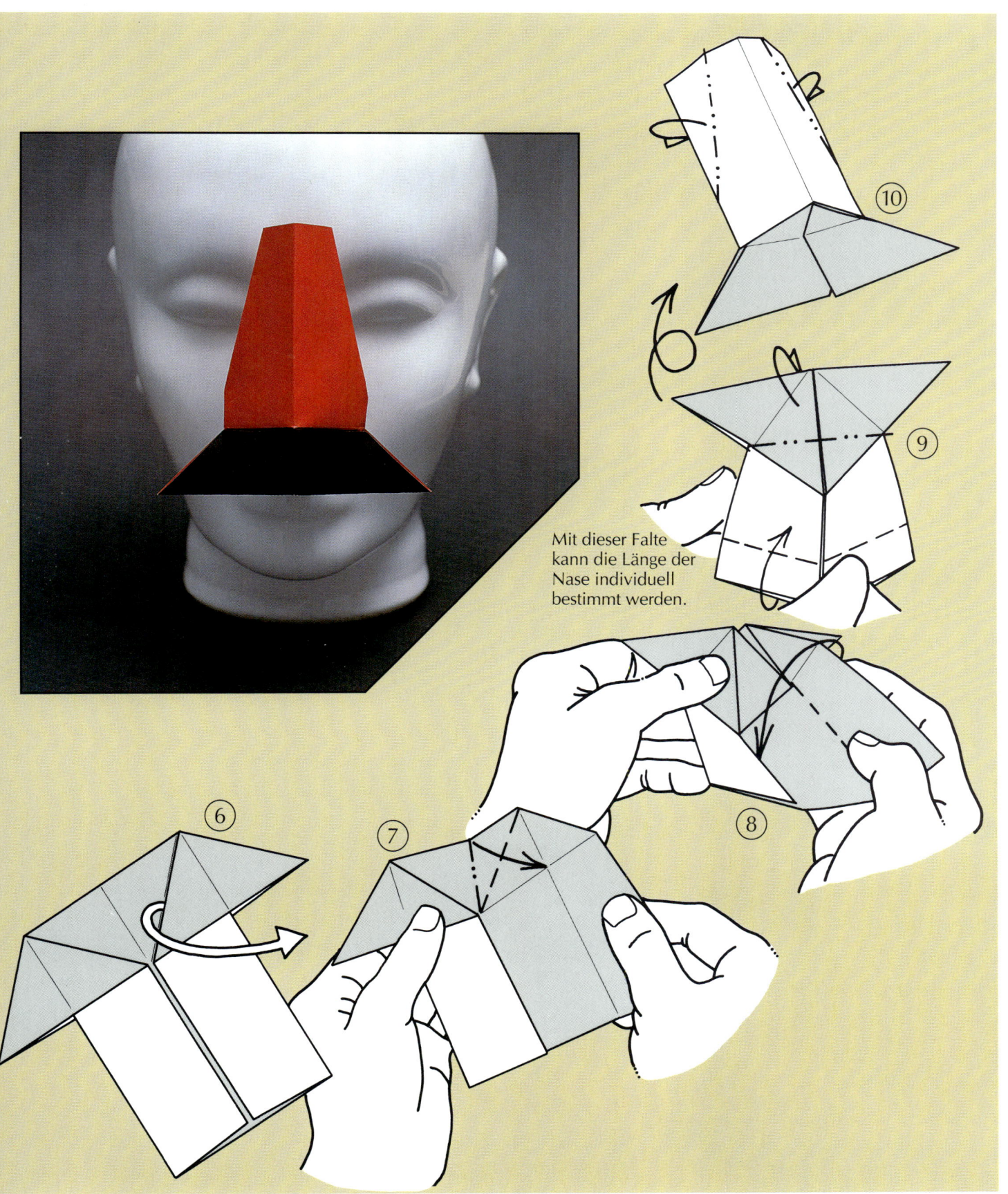

Mit dieser Falte kann die Länge der Nase individuell bestimmt werden.

Paperholder

HUMI HUZITA

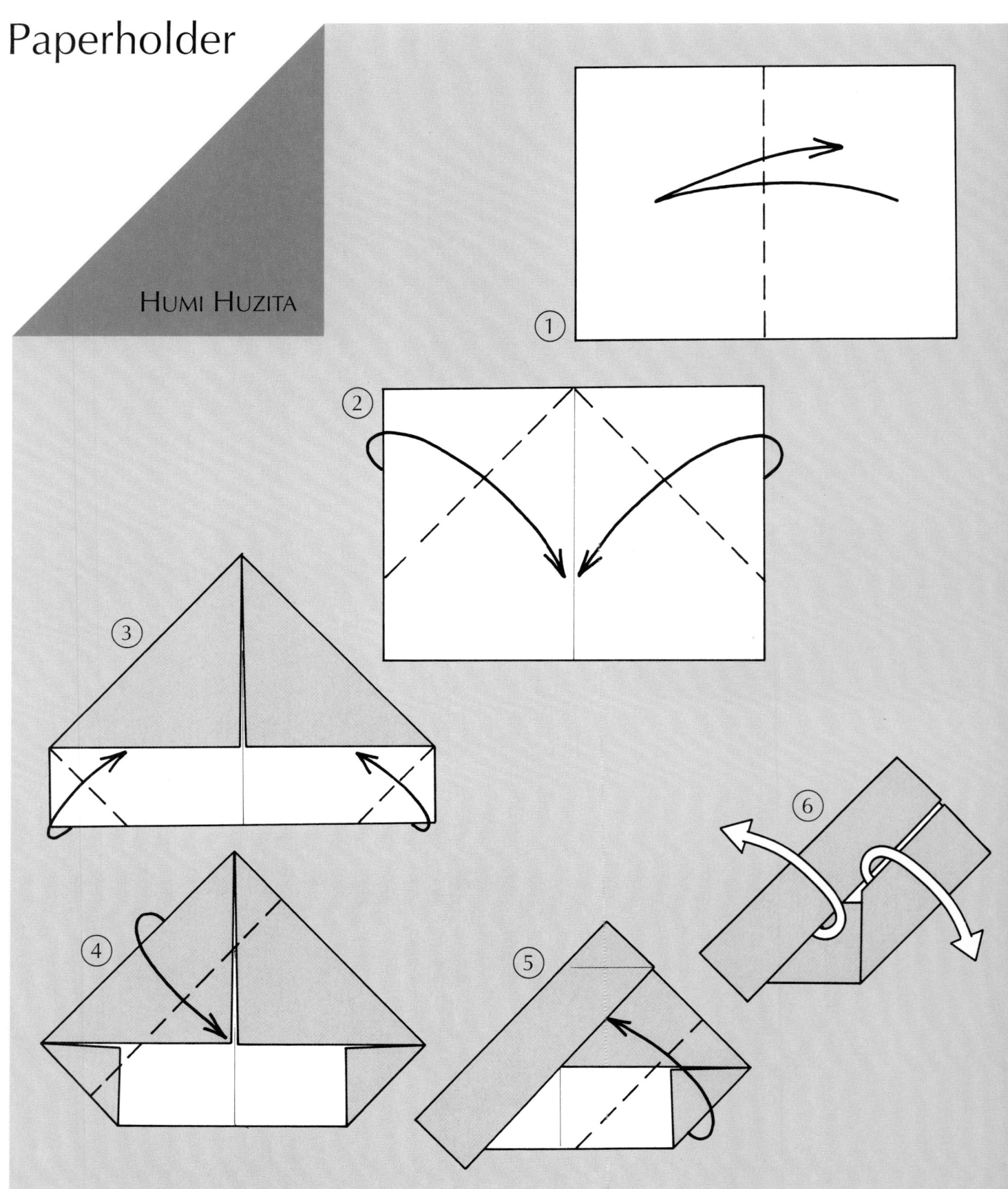

Für dieses Modell sieht Professor Humi Huzita einen breiten Anwendungsbereich. Wird es aus einem DIN A4 Papier gefaltet, ergibt sich, je nach Stärke des verwendeten Materials, ein Holder von ca. 10,5 x 10,5 cm Grundfläche, geeignet für Notizblätter, aber auch für 3 1/2 Zoll Disketten oder die neuen MDs für Musik. Für den abgebildeten Origamipapier-Holder (Grundfläche 15 x 15 cm) habe ich ein Ausgangsformat von 42,5 x 30,2 cm verwendet.

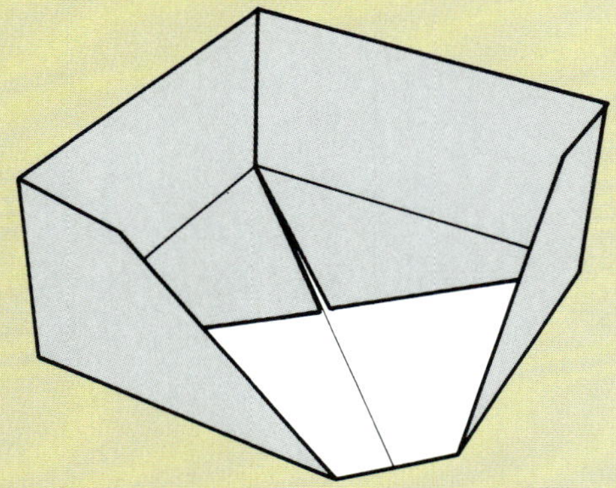

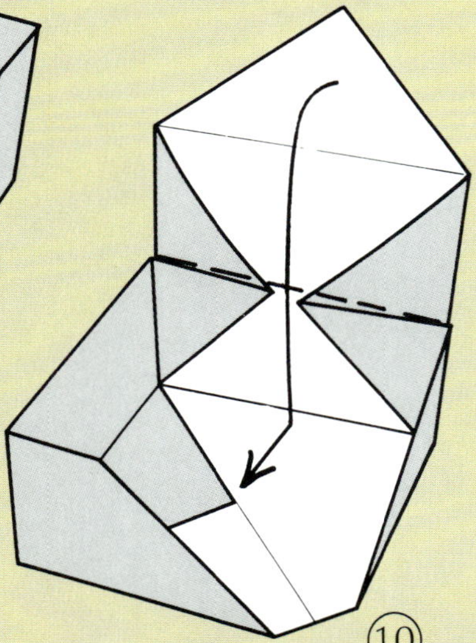

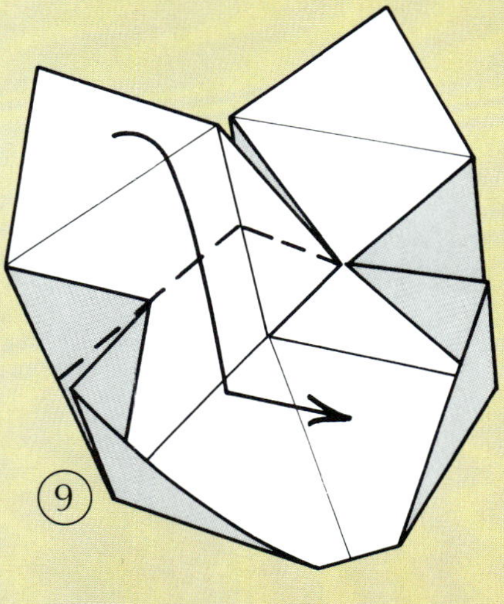

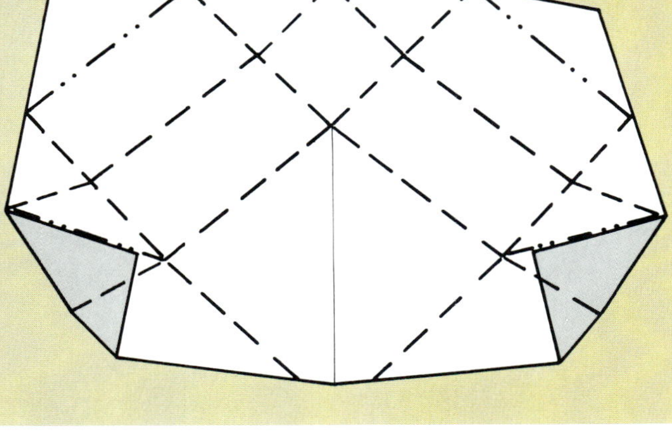

Doppelte Herzen

FRANCIS OW

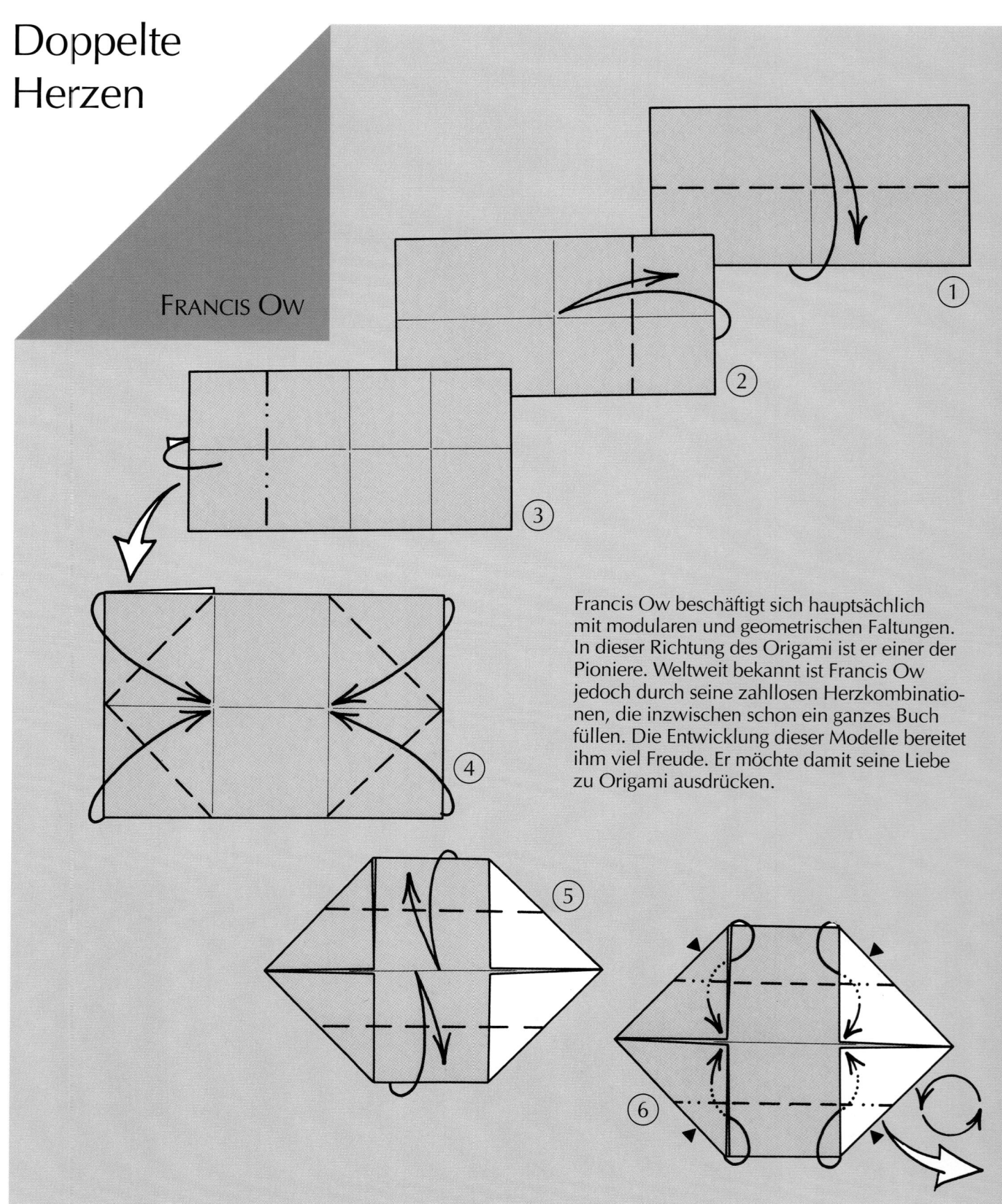

Francis Ow beschäftigt sich hauptsächlich mit modularen und geometrischen Faltungen. In dieser Richtung des Origami ist er einer der Pioniere. Weltweit bekannt ist Francis Ow jedoch durch seine zahllosen Herzkombinationen, die inzwischen schon ein ganzes Buch füllen. Die Entwicklung dieser Modelle bereitet ihm viel Freude. Er möchte damit seine Liebe zu Origami ausdrücken.

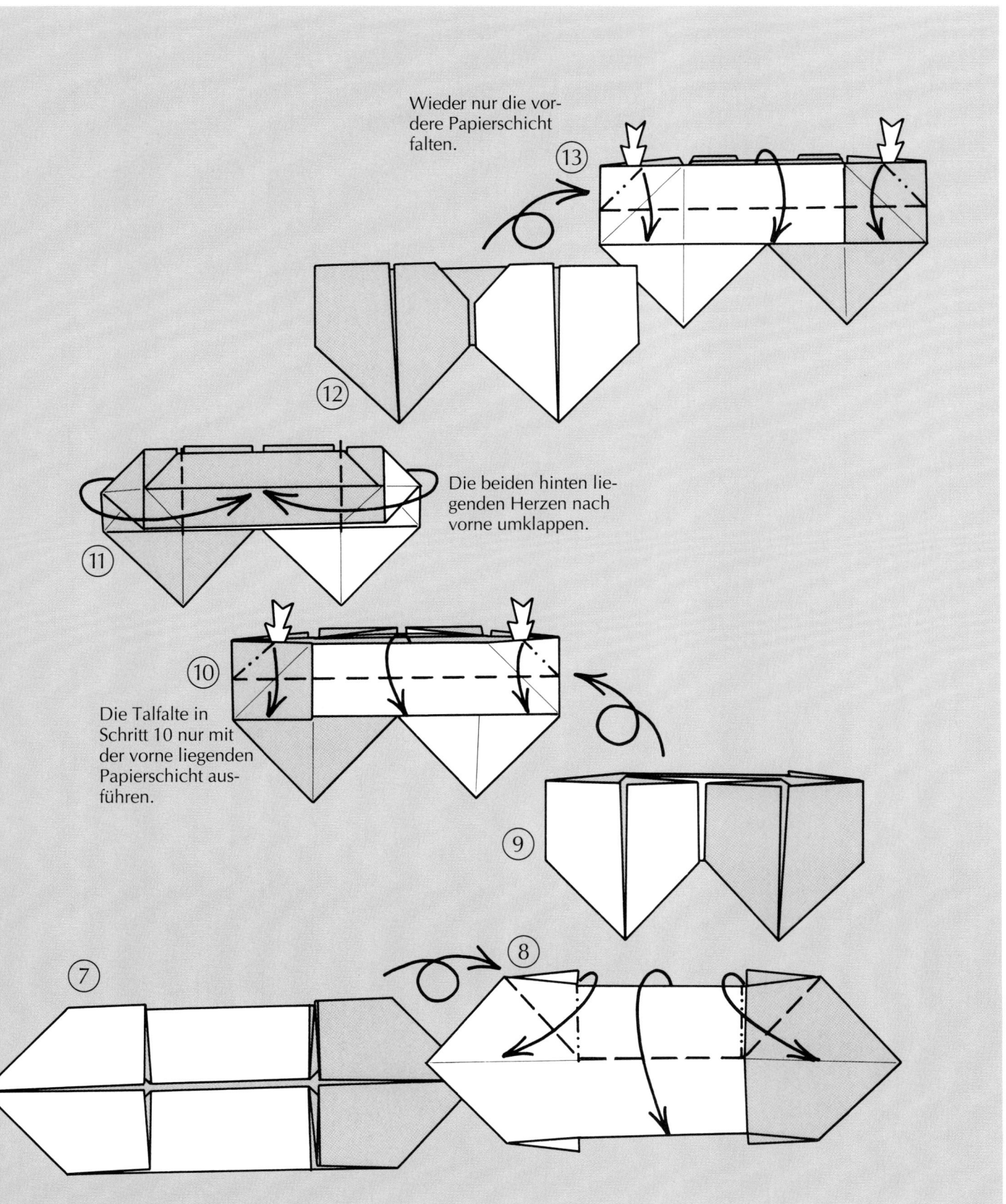

Wieder nur die vordere Papierschicht falten.

⑬

⑫

Die beiden hinten liegenden Herzen nach vorne umklappen.

⑪

⑩

Die Talfalte in Schritt 10 nur mit der vorne liegenden Papierschicht ausführen.

⑨

⑦

⑧

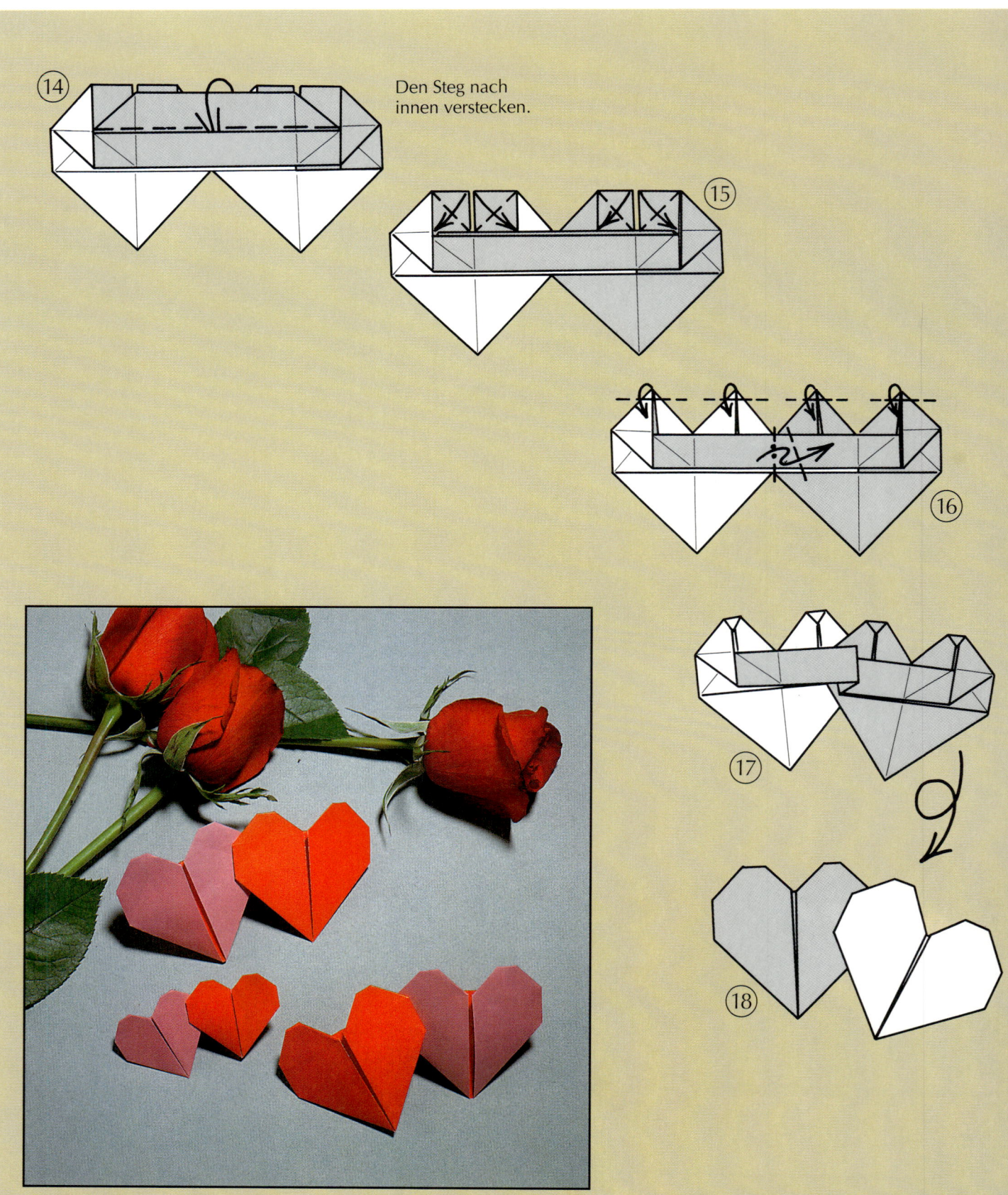

(14)

Den Steg nach
innen verstecken.

(15)

(16)

(17)

(18)

Becher

PAULO MULATINHO

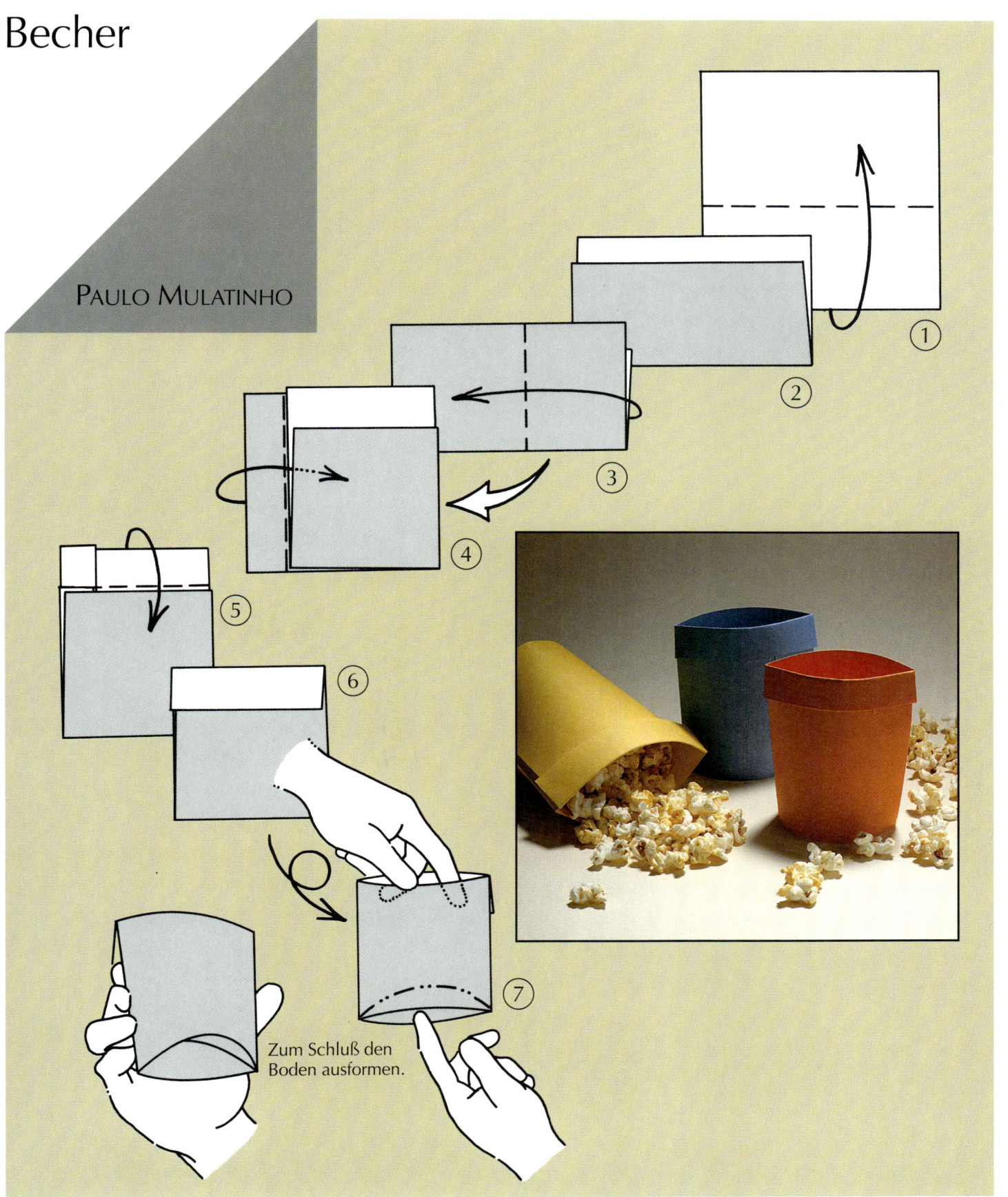

Zum Schluß den
Boden ausformen.

Das letzte
Hemd

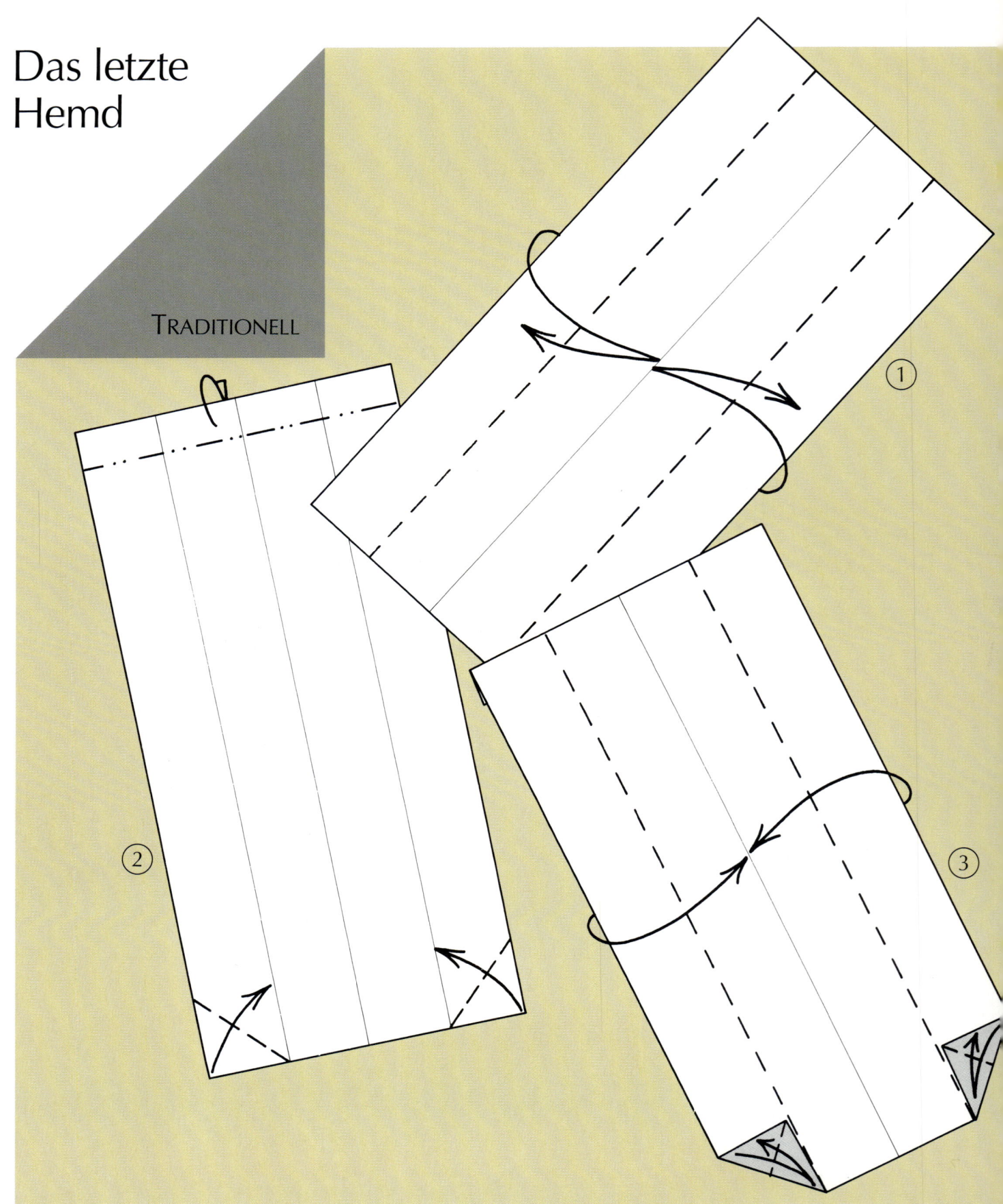

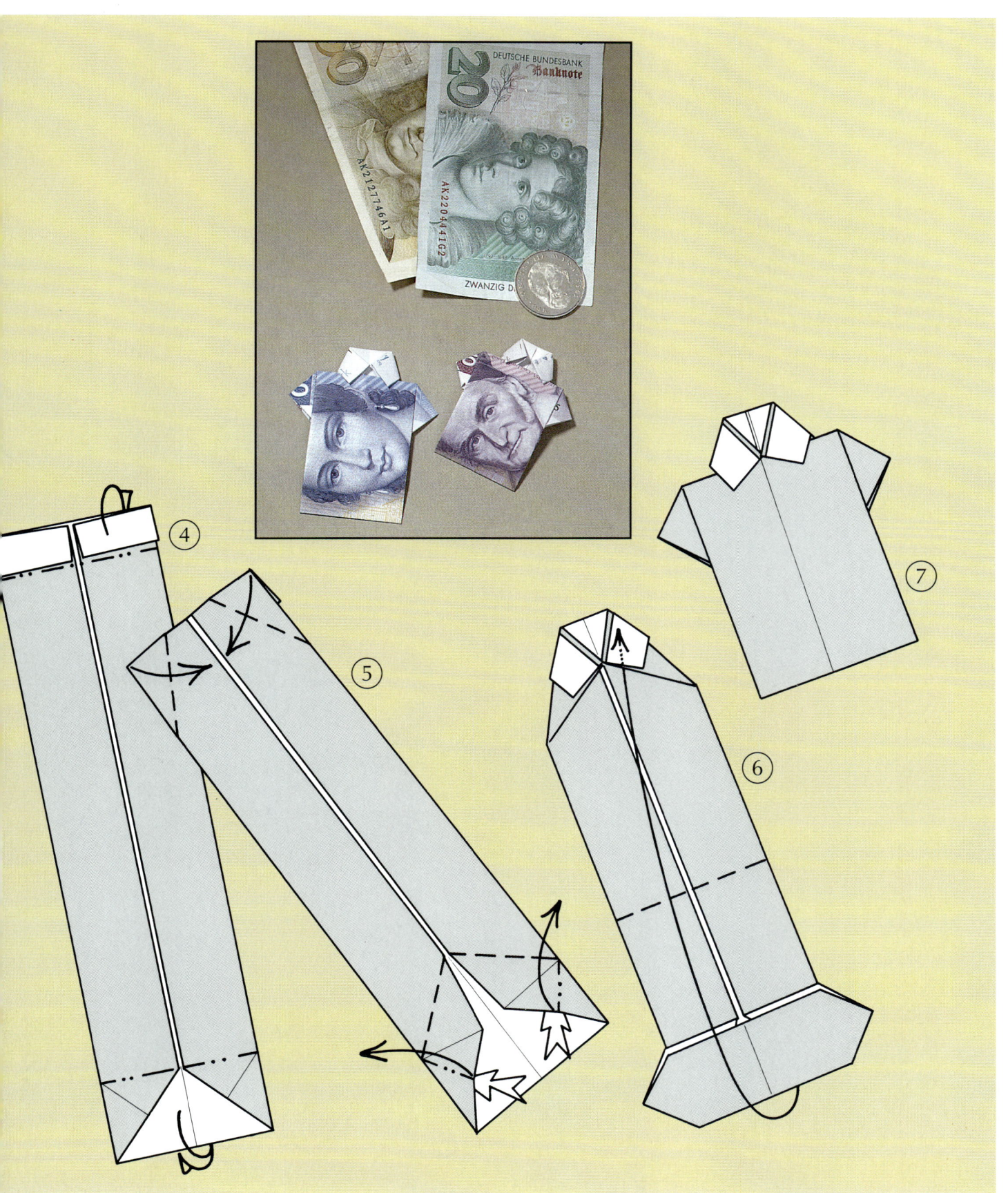

④

⑤

⑥

⑦

Pfeil

PAULO MULATINHO

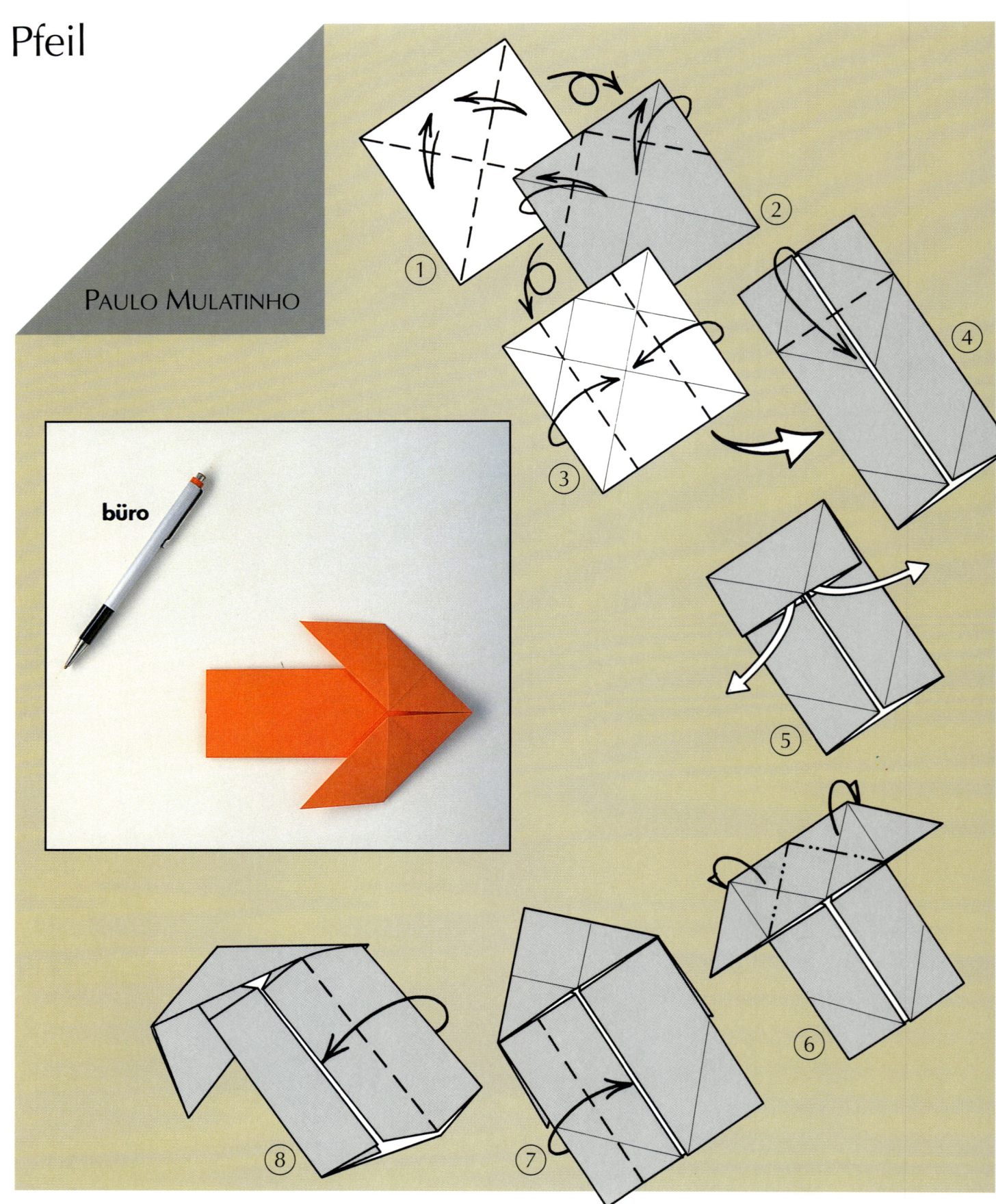

Objekt

THOKI YENN

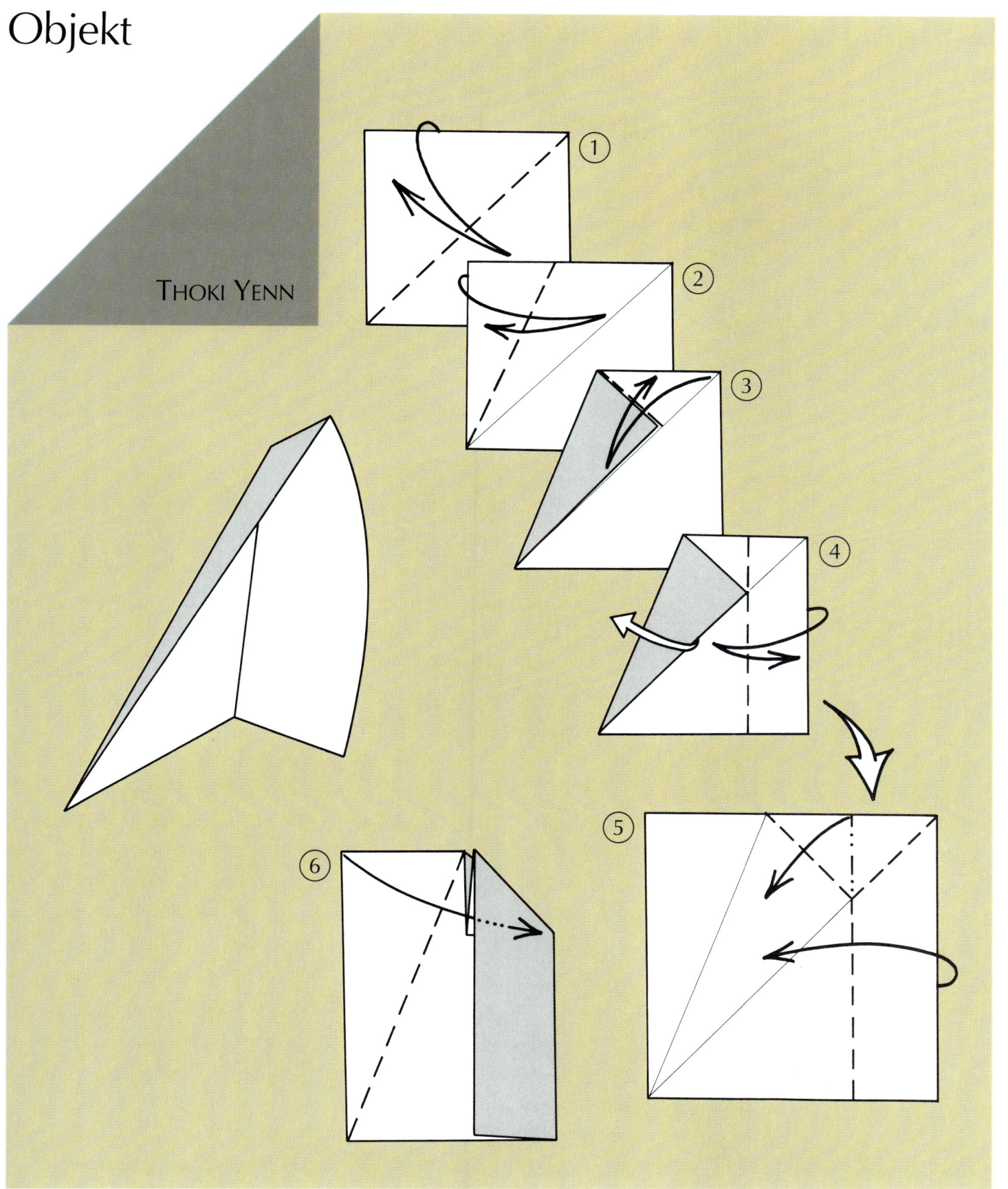

Nonne

KUNIHIKO KASAHARA

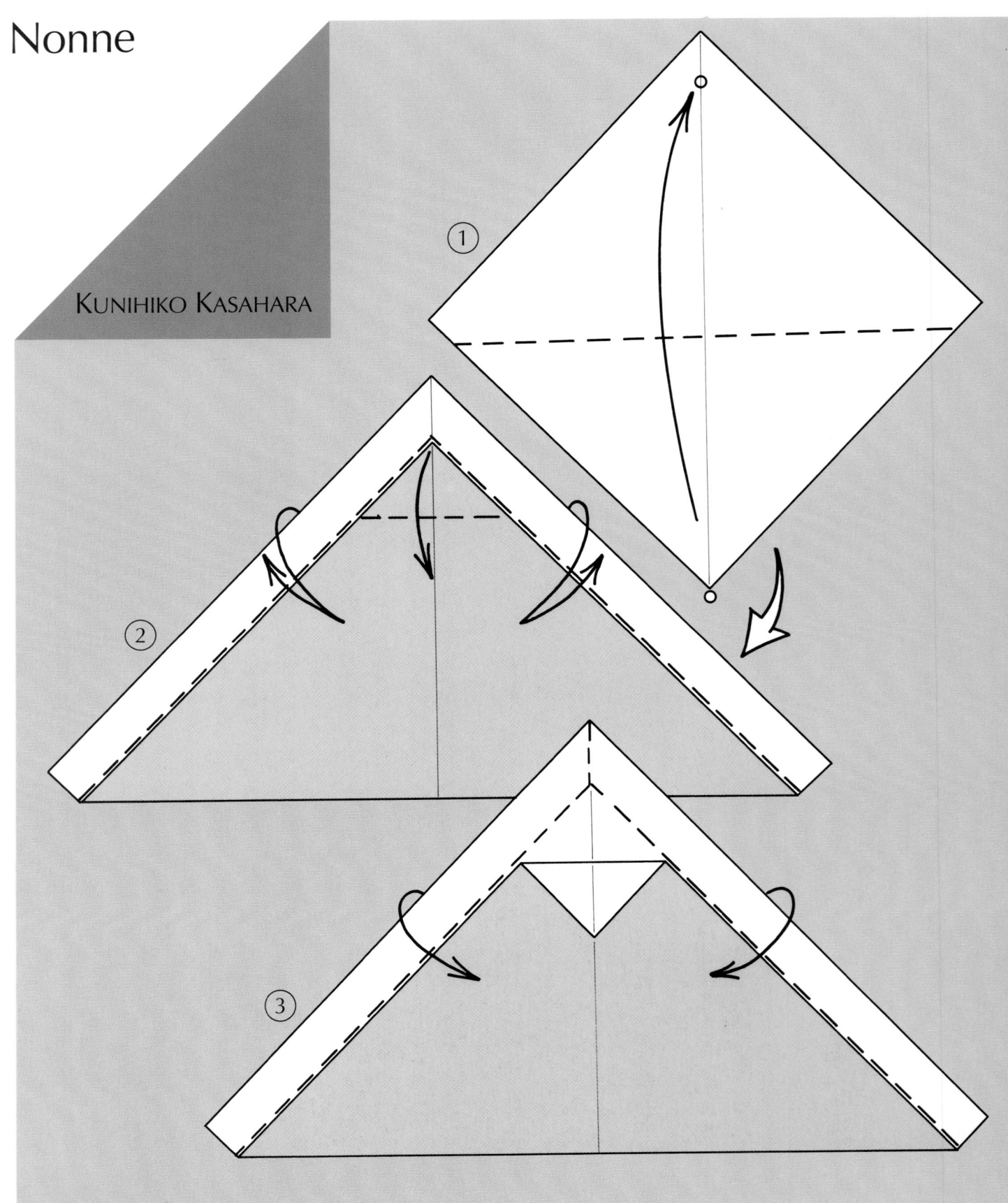

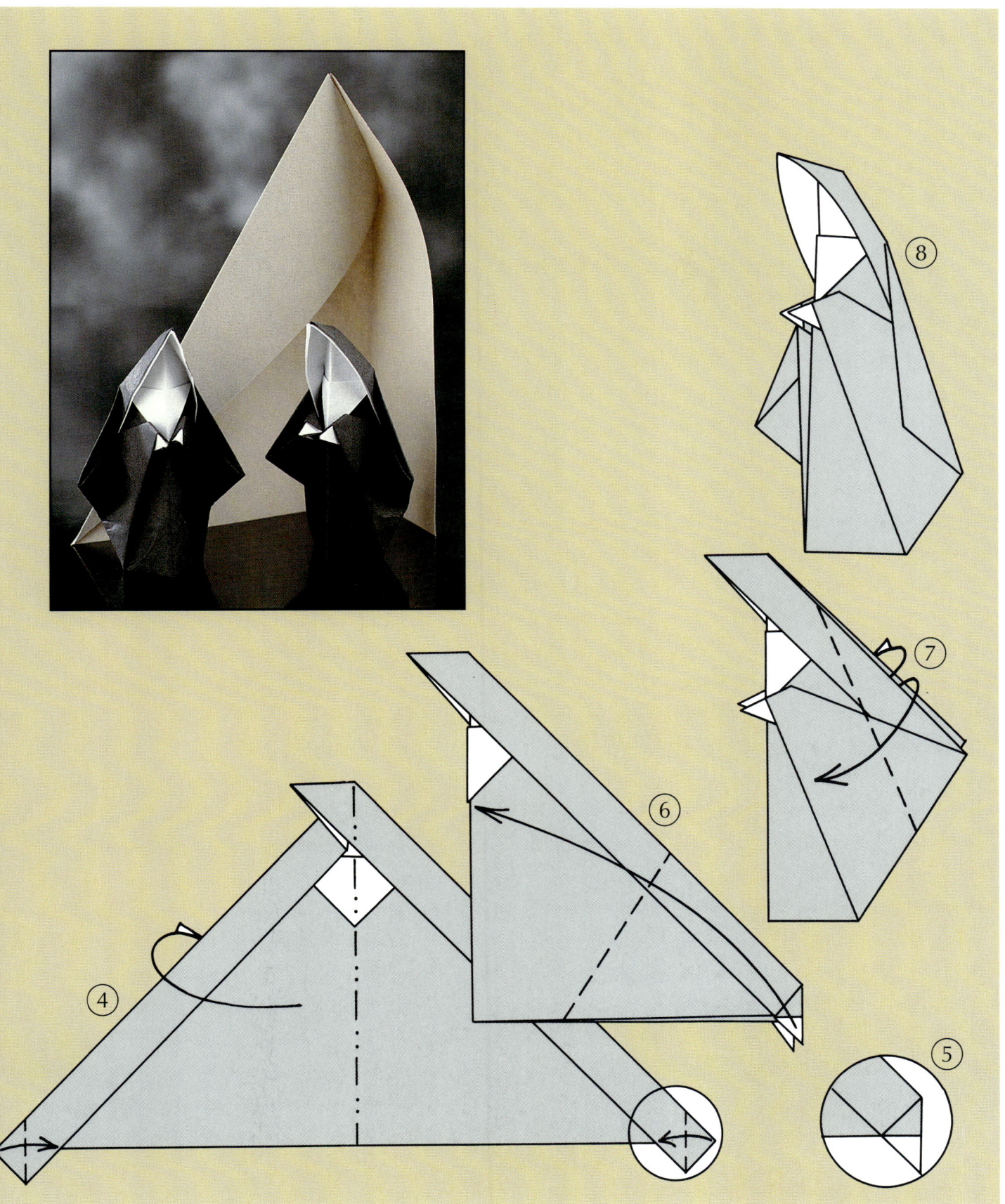

Pfeife

Edward Megrath

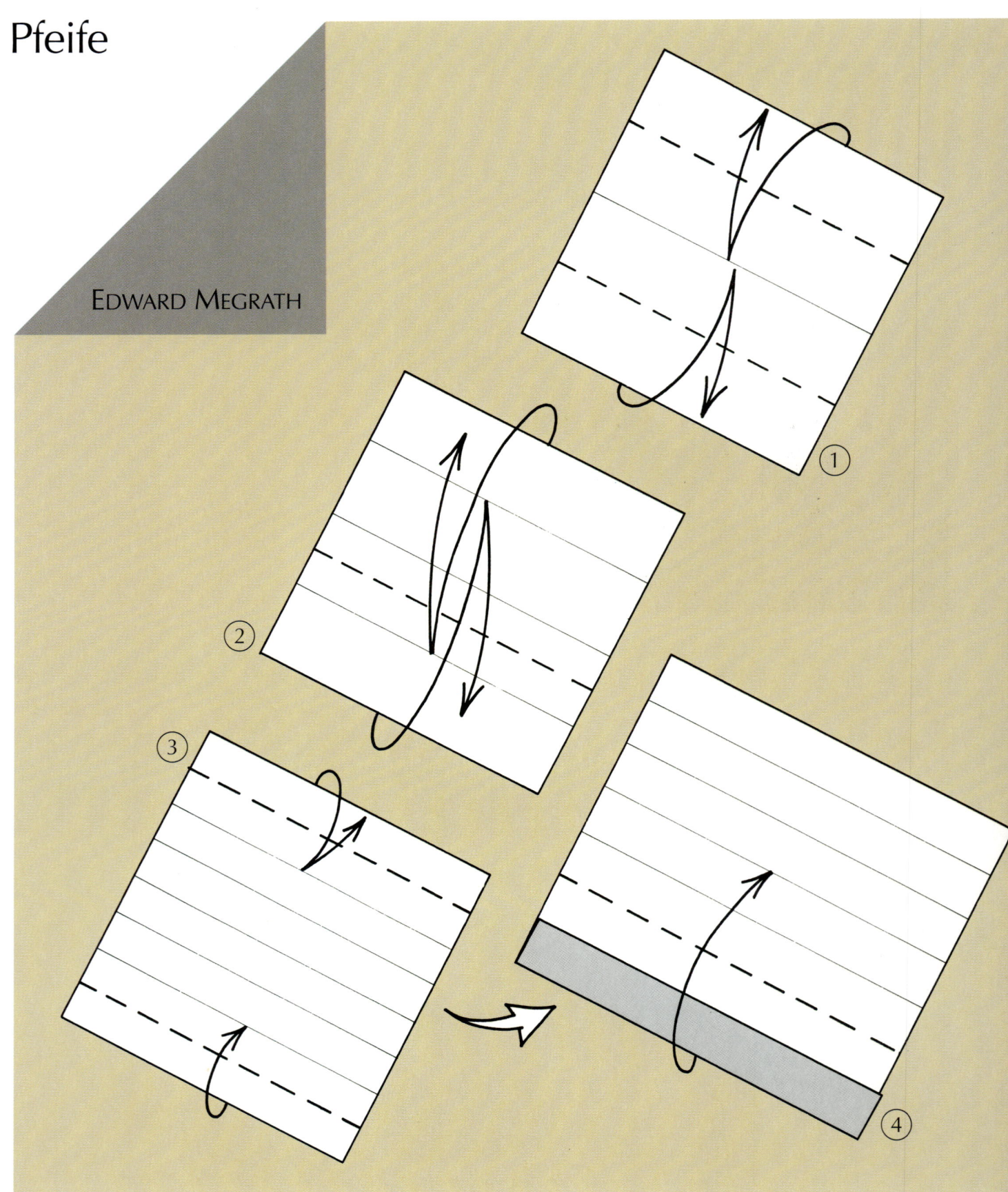

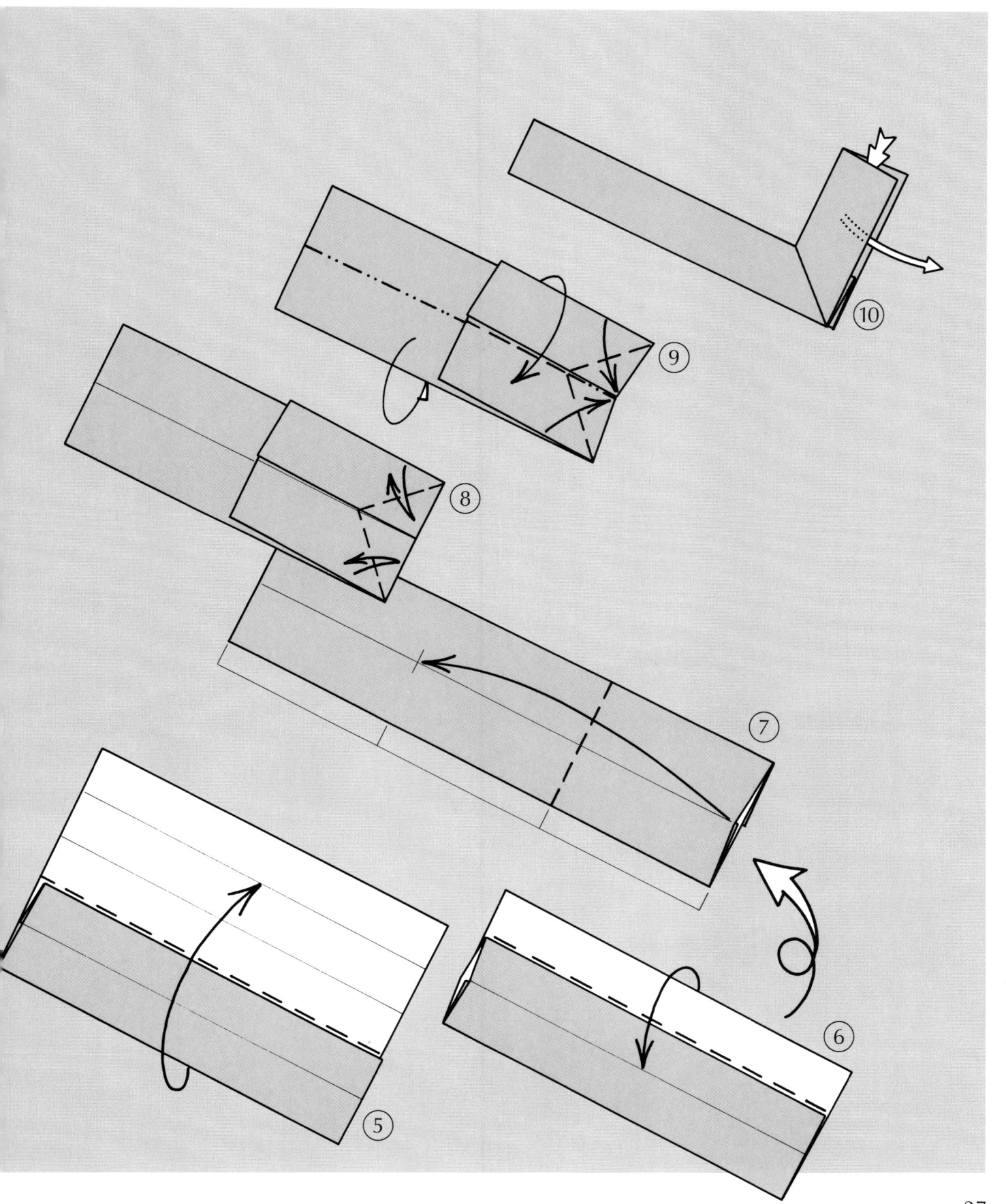

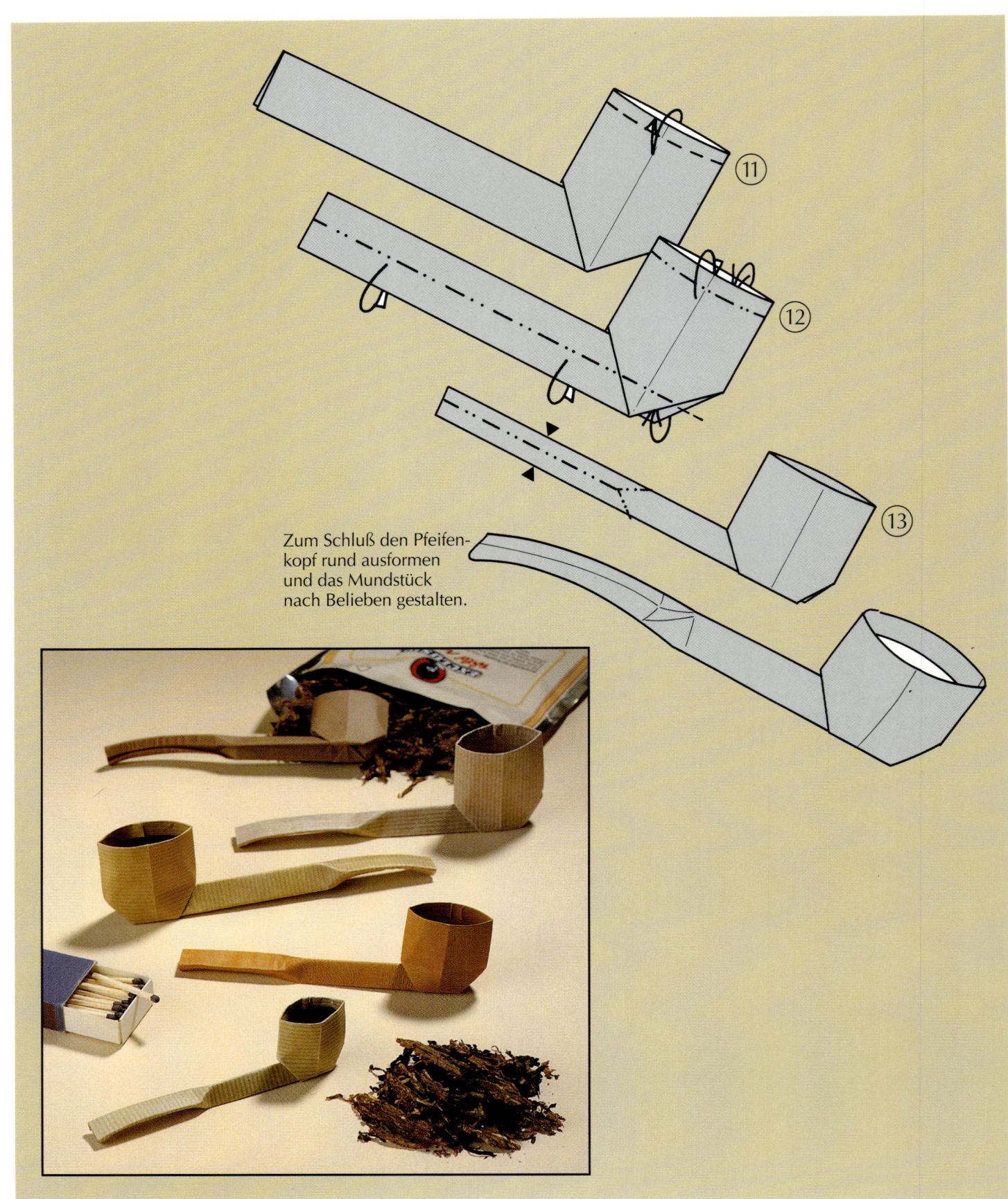

① ② ③

Zum Schluß den Pfeifen-
kopf rund ausformen
und das Mundstück
nach Belieben gestalten.

Origami-Zoo

Schüchterner junger Hase

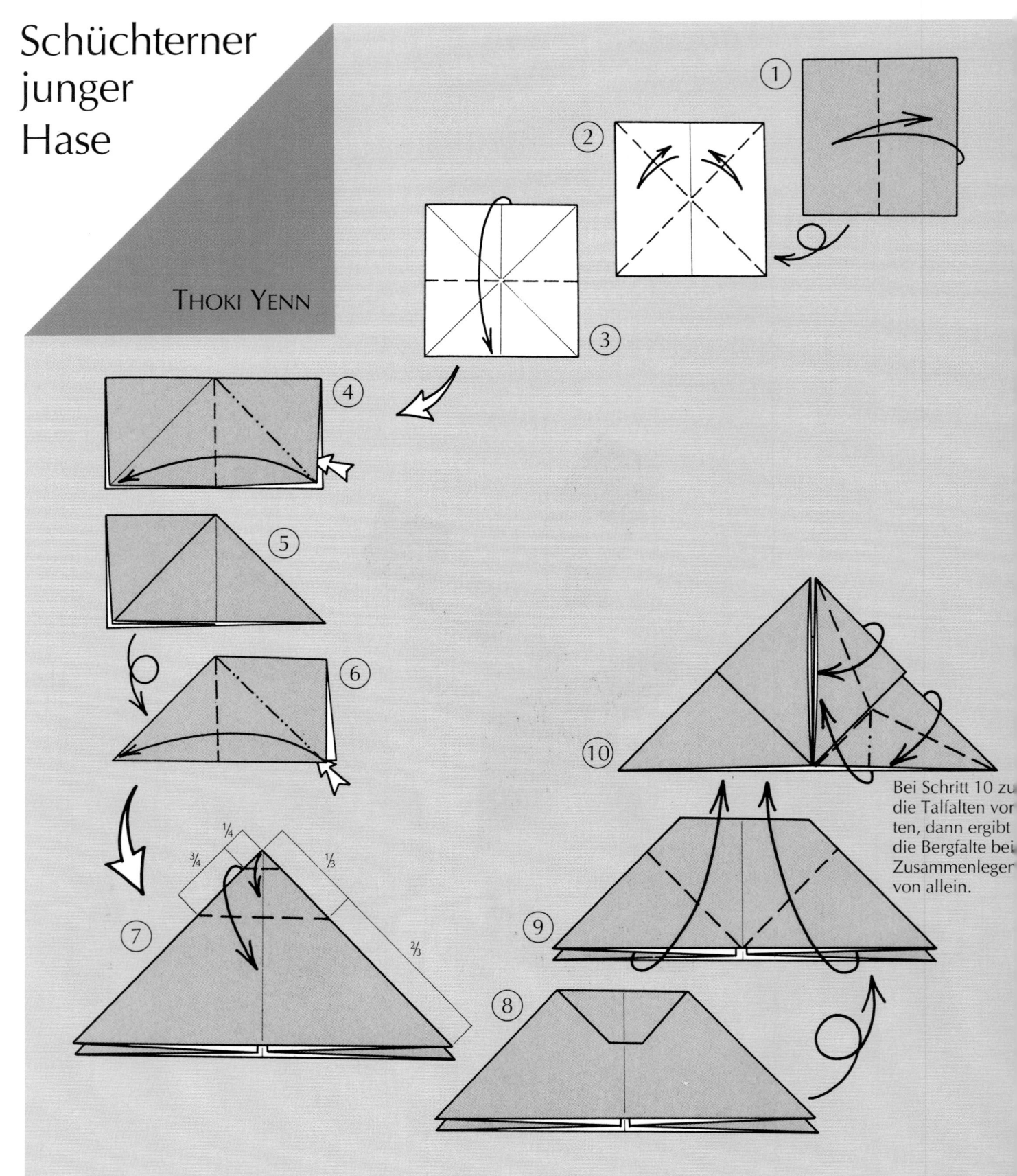

THOKI YENN

Bei Schritt 10 zu...
die Talfalten vor...
ten, dann ergibt...
die Bergfalte bei...
Zusammenleger...
von allein.

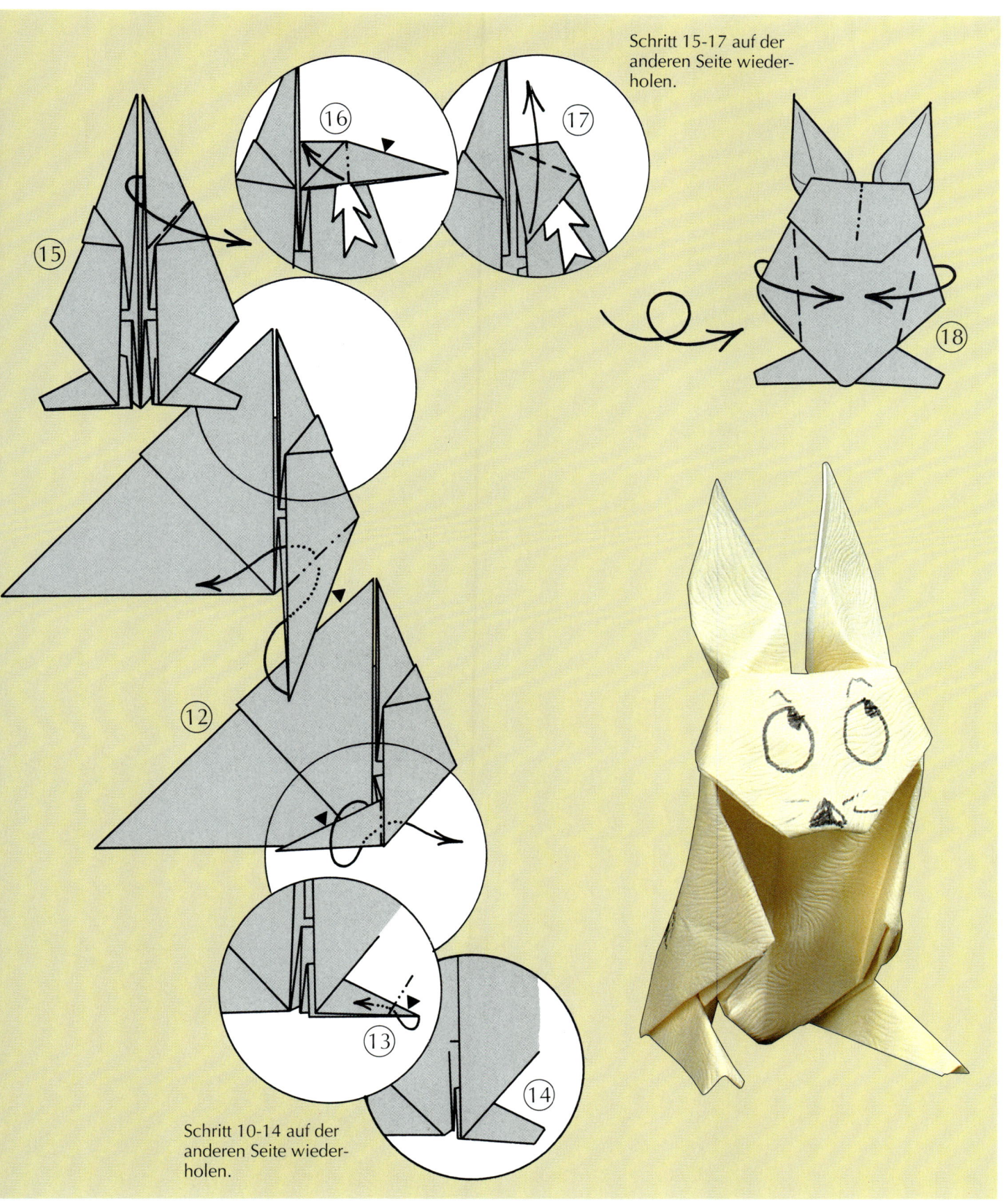

Schritt 15-17 auf der anderen Seite wiederholen.

Schritt 10-14 auf der anderen Seite wiederholen.

Elefant

Edwin Corrie

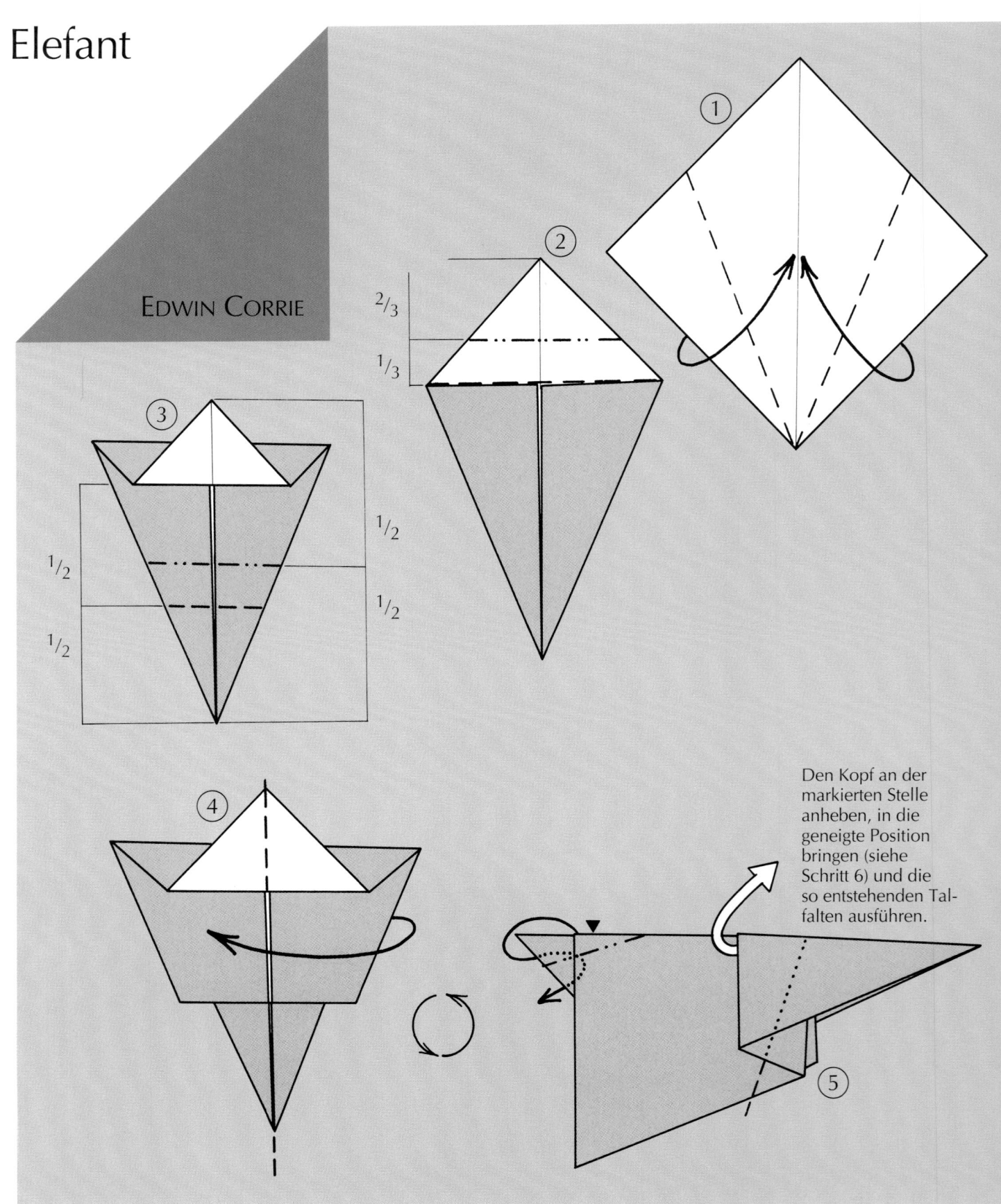

Den Kopf an der markierten Stelle anheben, in die geneigte Position bringen (siehe Schritt 6) und die so entstehenden Talfalten ausführen.

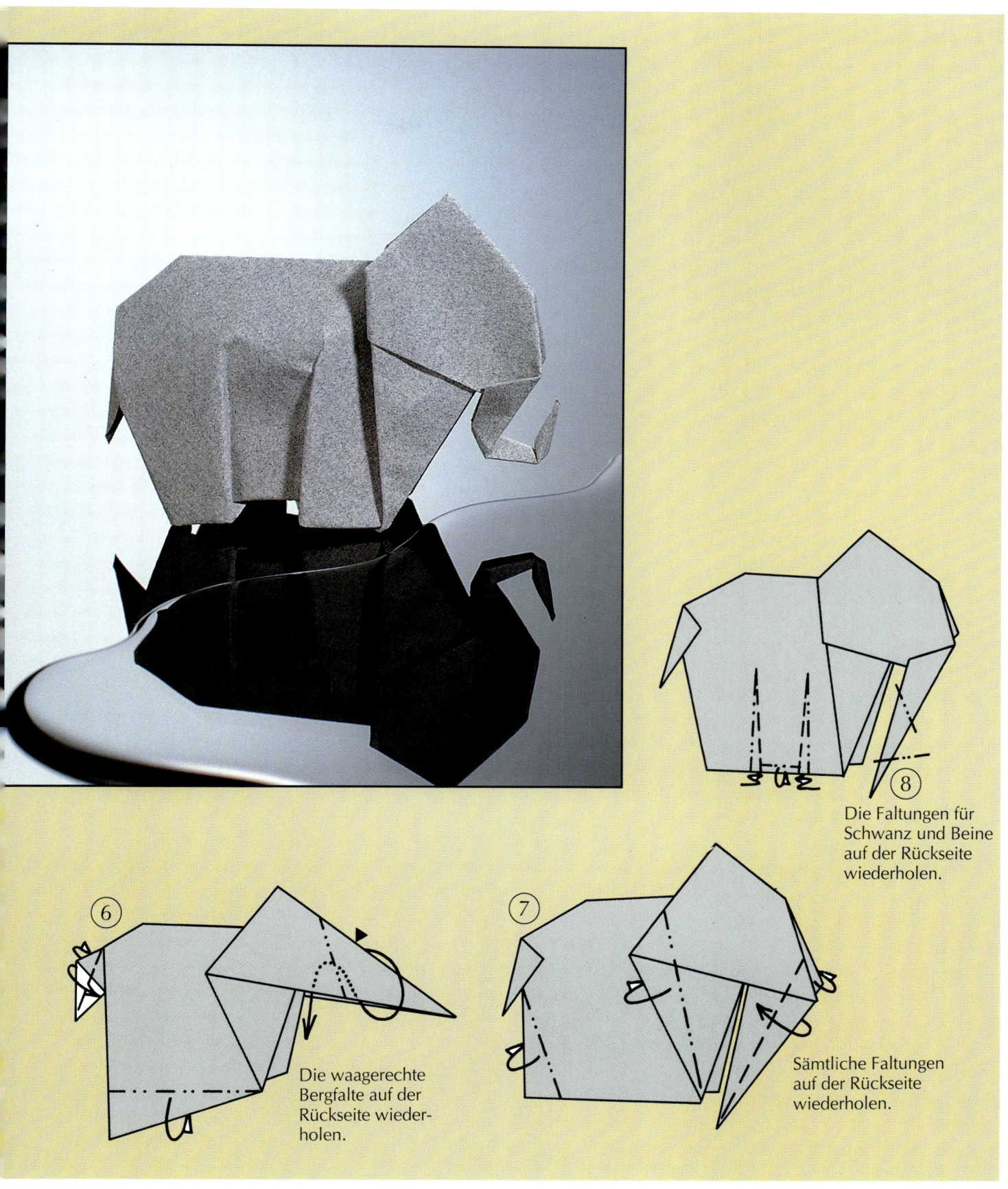

⑧
Die Faltungen für
Schwanz und Beine
auf der Rückseite
wiederholen.

⑥
Die waagerechte
Bergfalte auf der
Rückseite wieder-
holen.

⑦
Sämtliche Faltungen
auf der Rückseite
wiederholen.

Frosch

Juan Gimeno

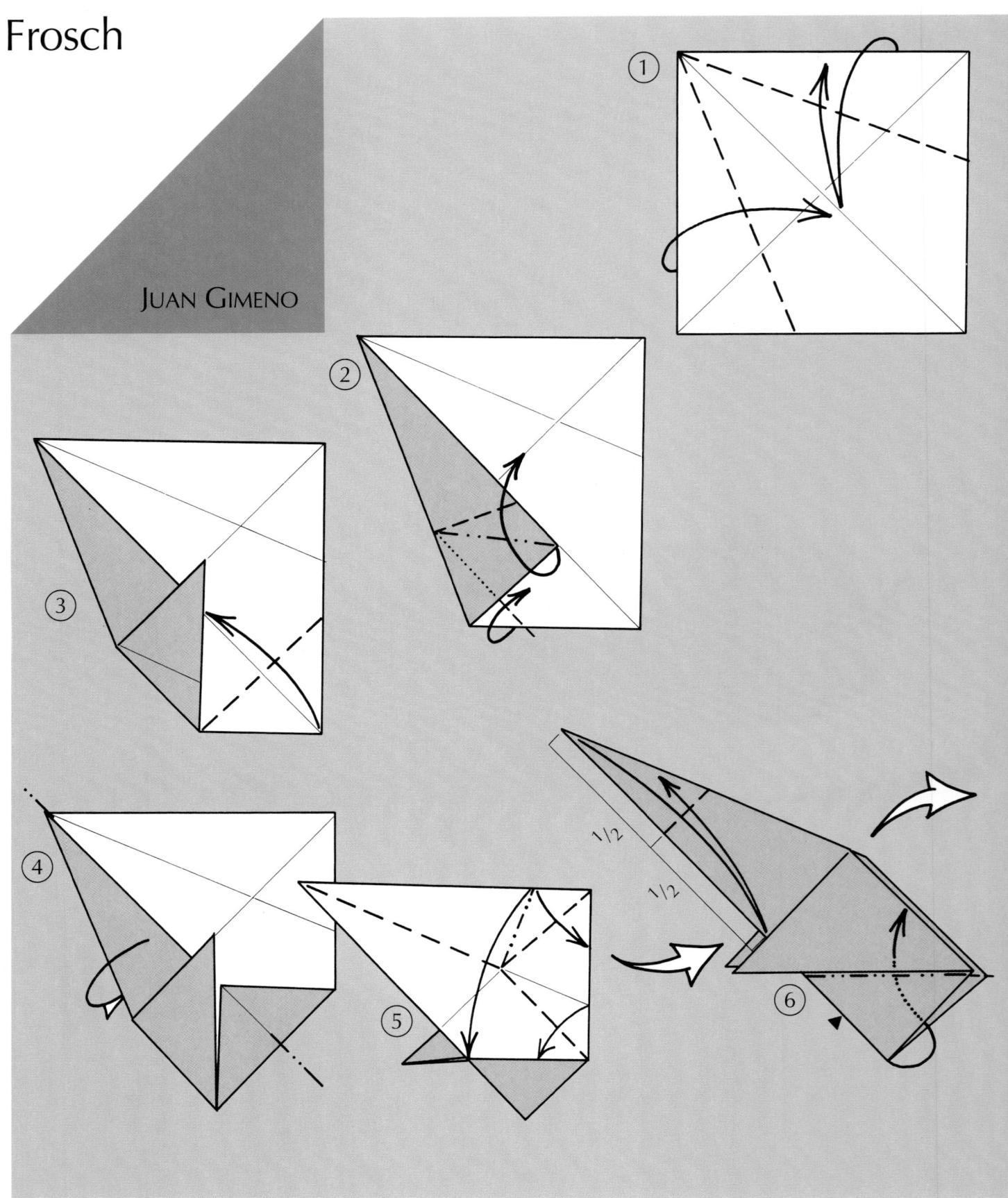

Die Detailzeichnungen
8 bis 11 zeigen die Falt-
vorgänge, die für die beiden
Vorderbeine des Froschs
von der Innenseite her ausgeführt werden müssen.

Maus

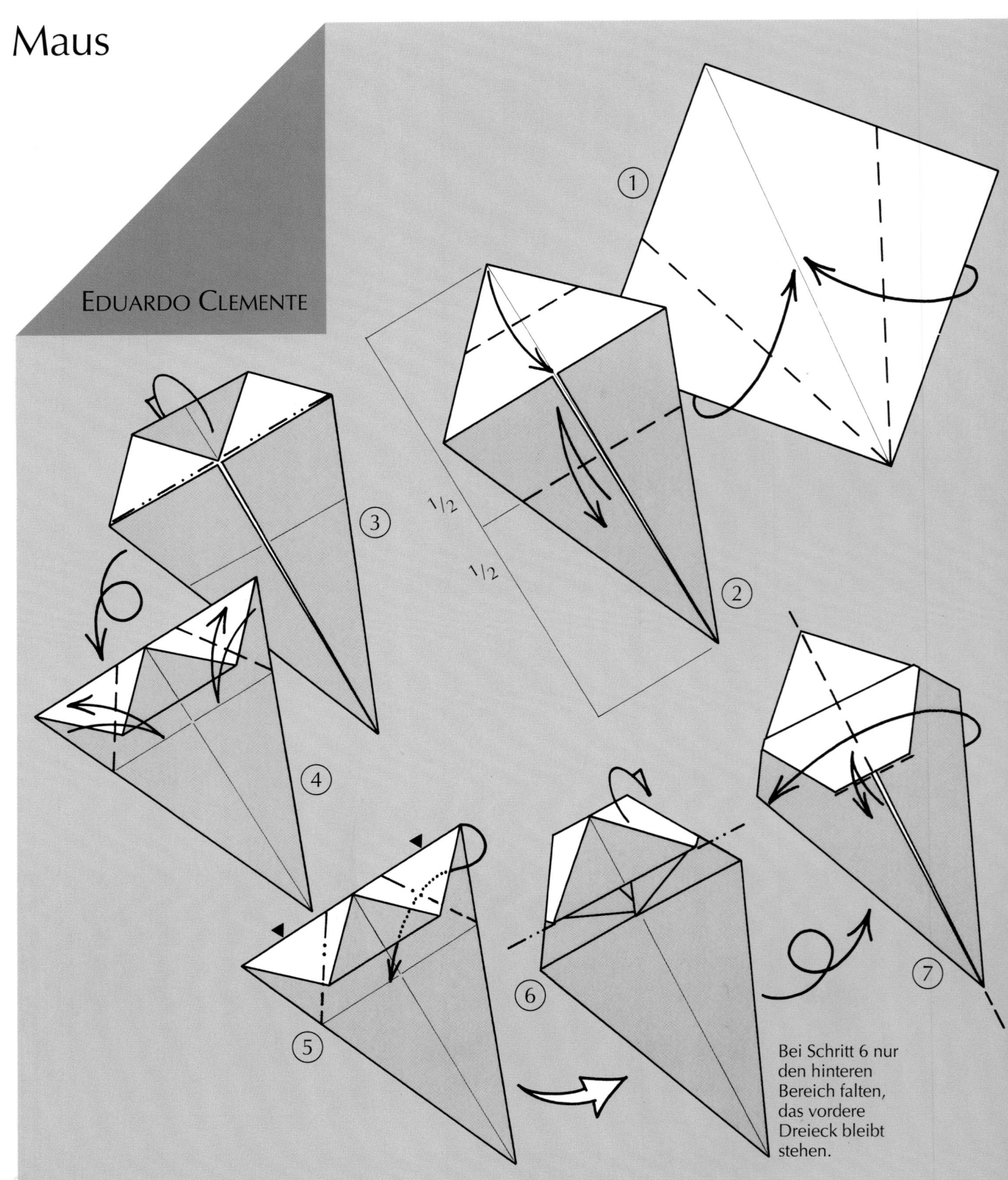

EDUARDO CLEMENTE

①

②

1/2

1/2

③

④

⑤

⑥

⑦

Bei Schritt 6 nur
den hinteren
Bereich falten,
das vordere
Dreieck bleibt
stehen.

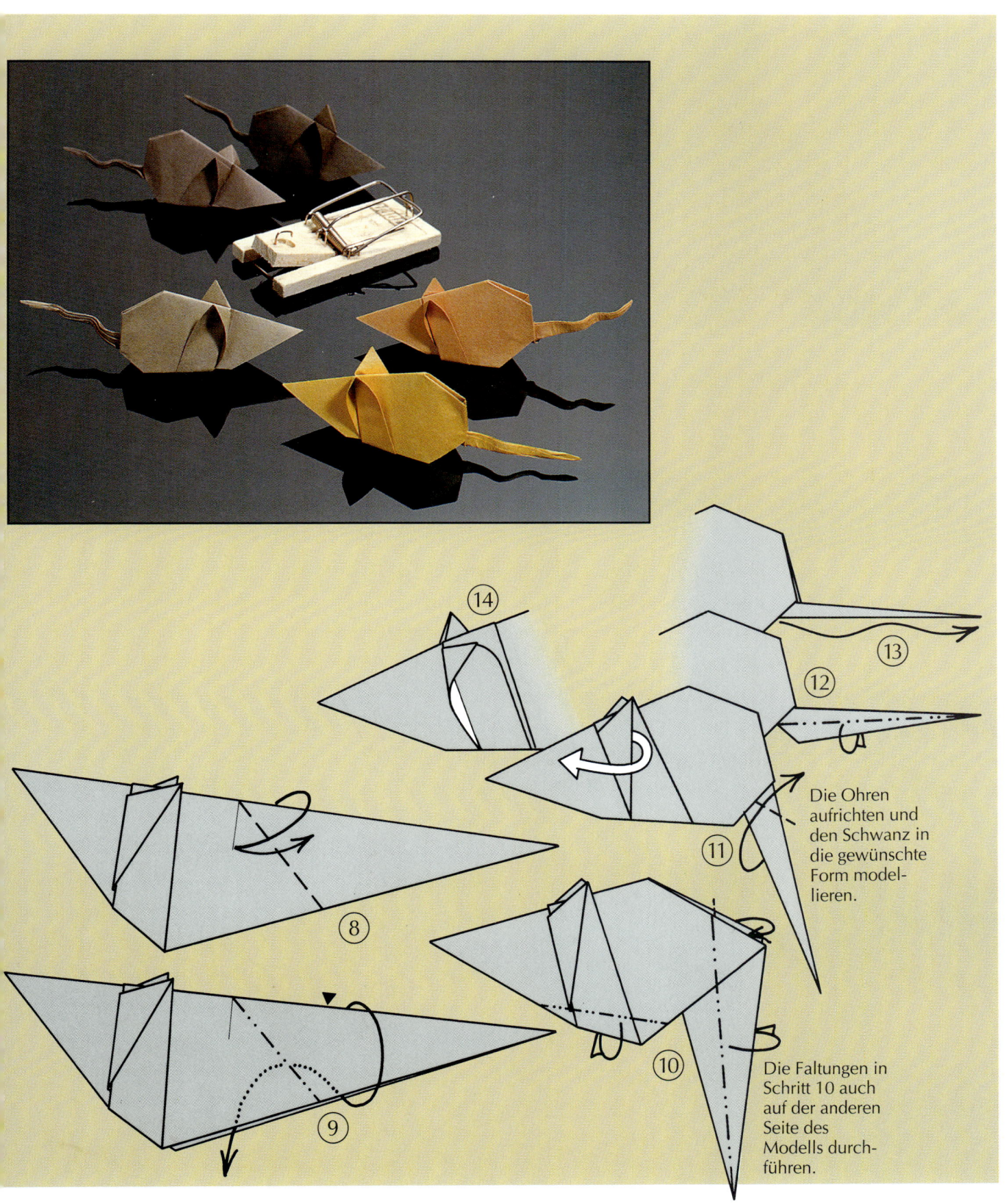

Die Ohren
aufrichten und
den Schwanz in
die gewünschte
Form model-
lieren.

Die Faltungen in
Schritt 10 auch
auf der anderen
Seite des
Modells durch-
führen.

Panda

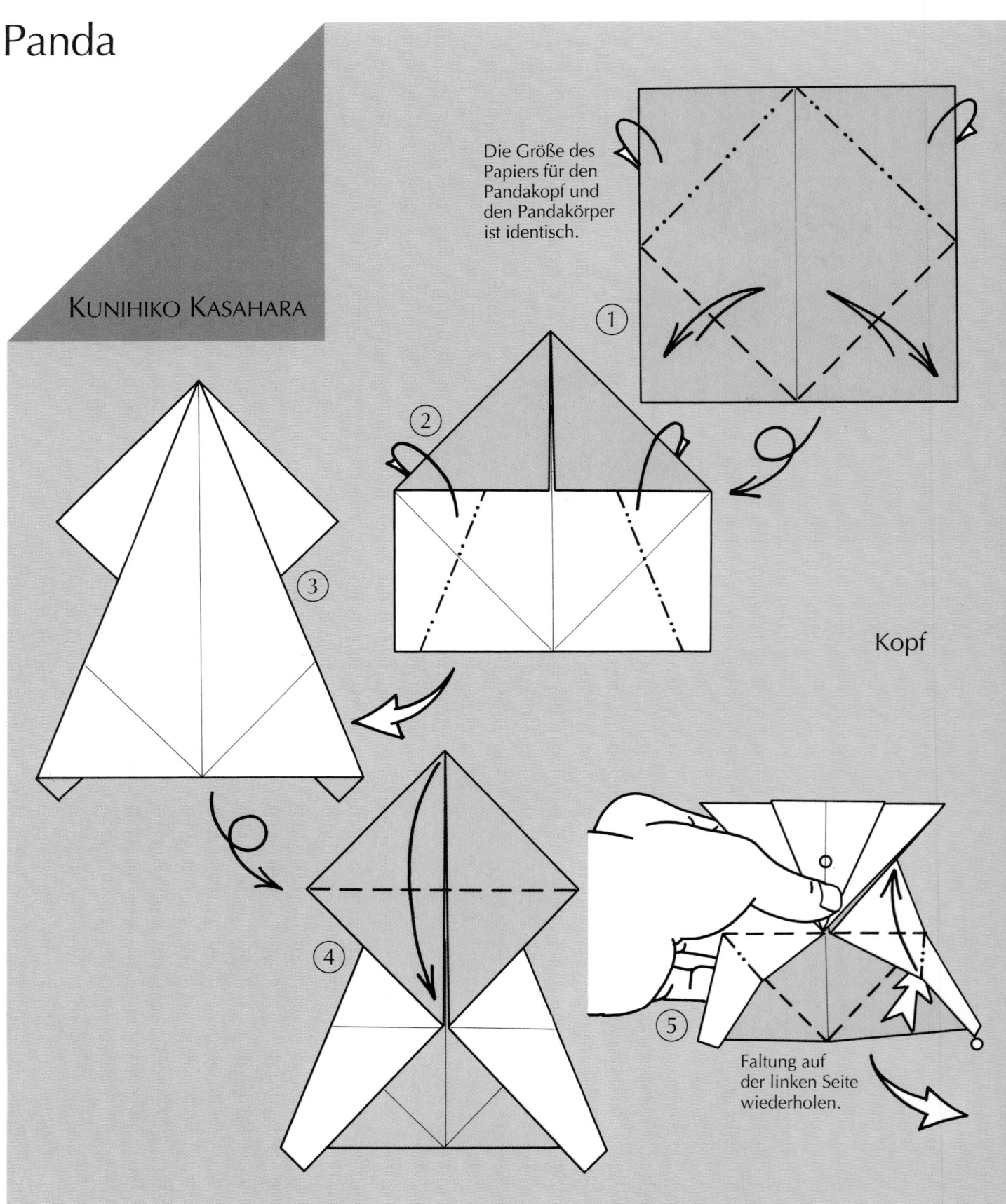

KUNIHIKO KASAHARA

Die Größe des Papiers für den Pandakopf und den Pandakörper ist identisch.

① ② ③ ④ ⑤

Kopf

Faltung auf der linken Seite wiederholen.

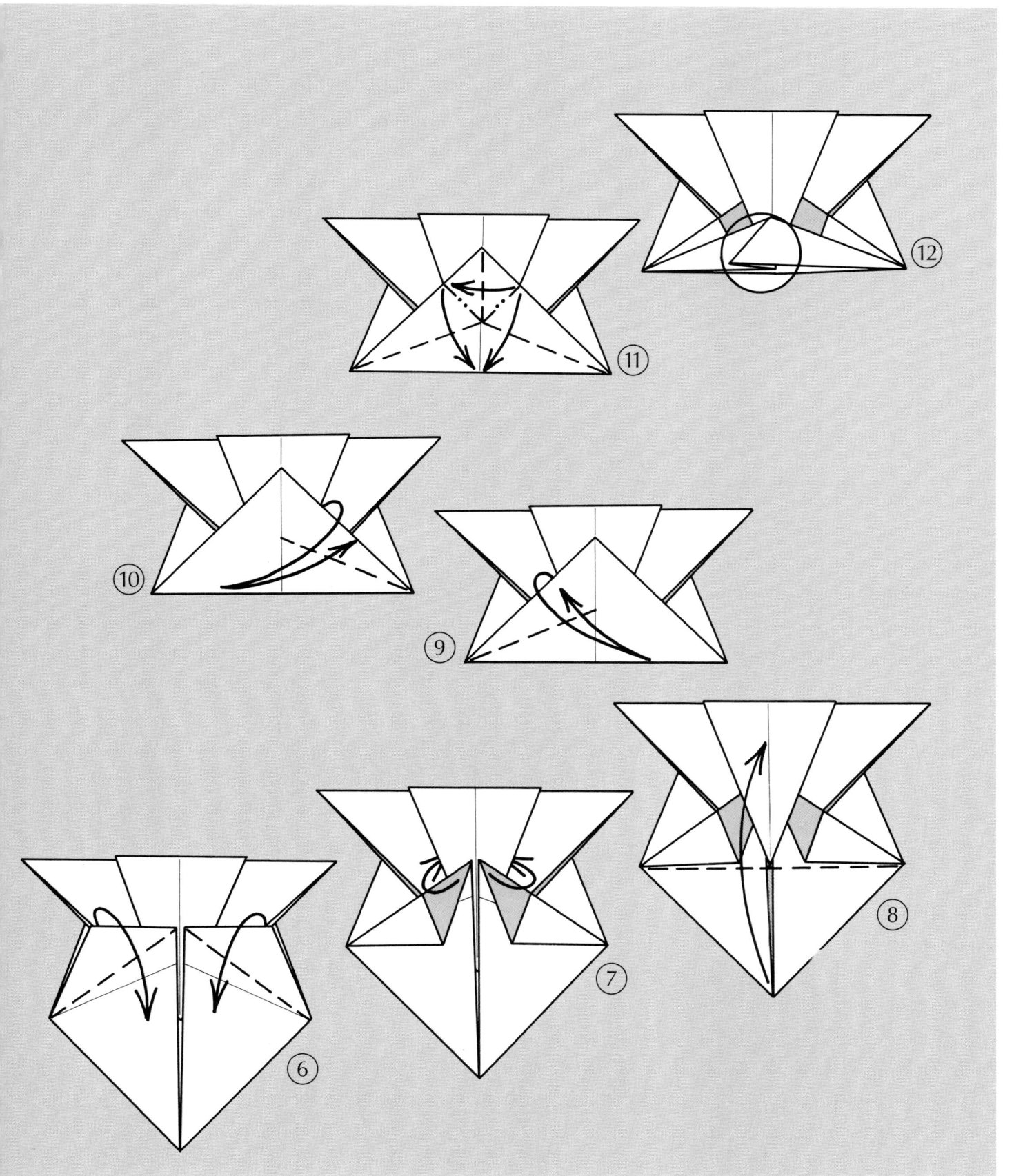

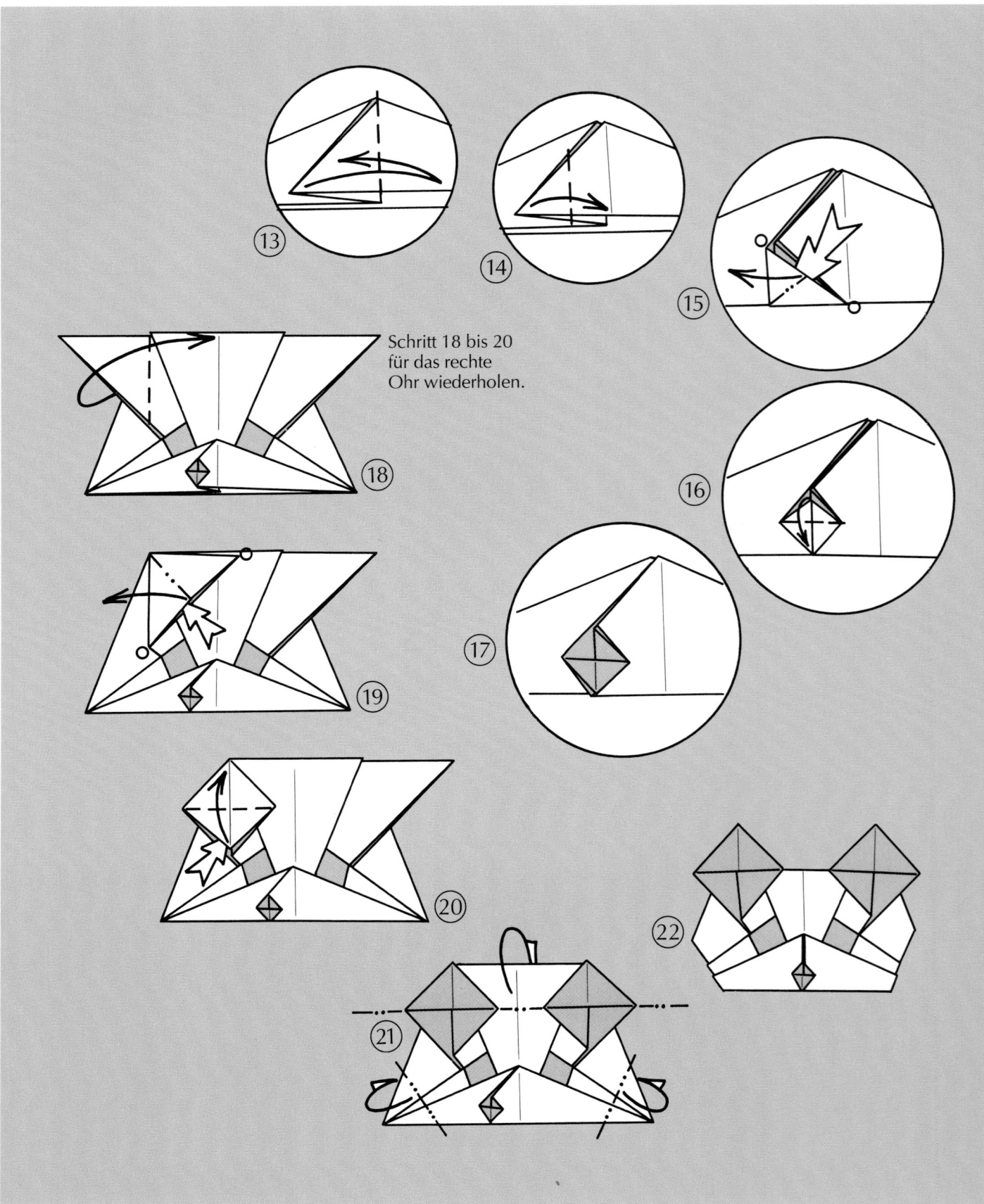

Schritt 18 bis 20
für das rechte
Ohr wiederholen.

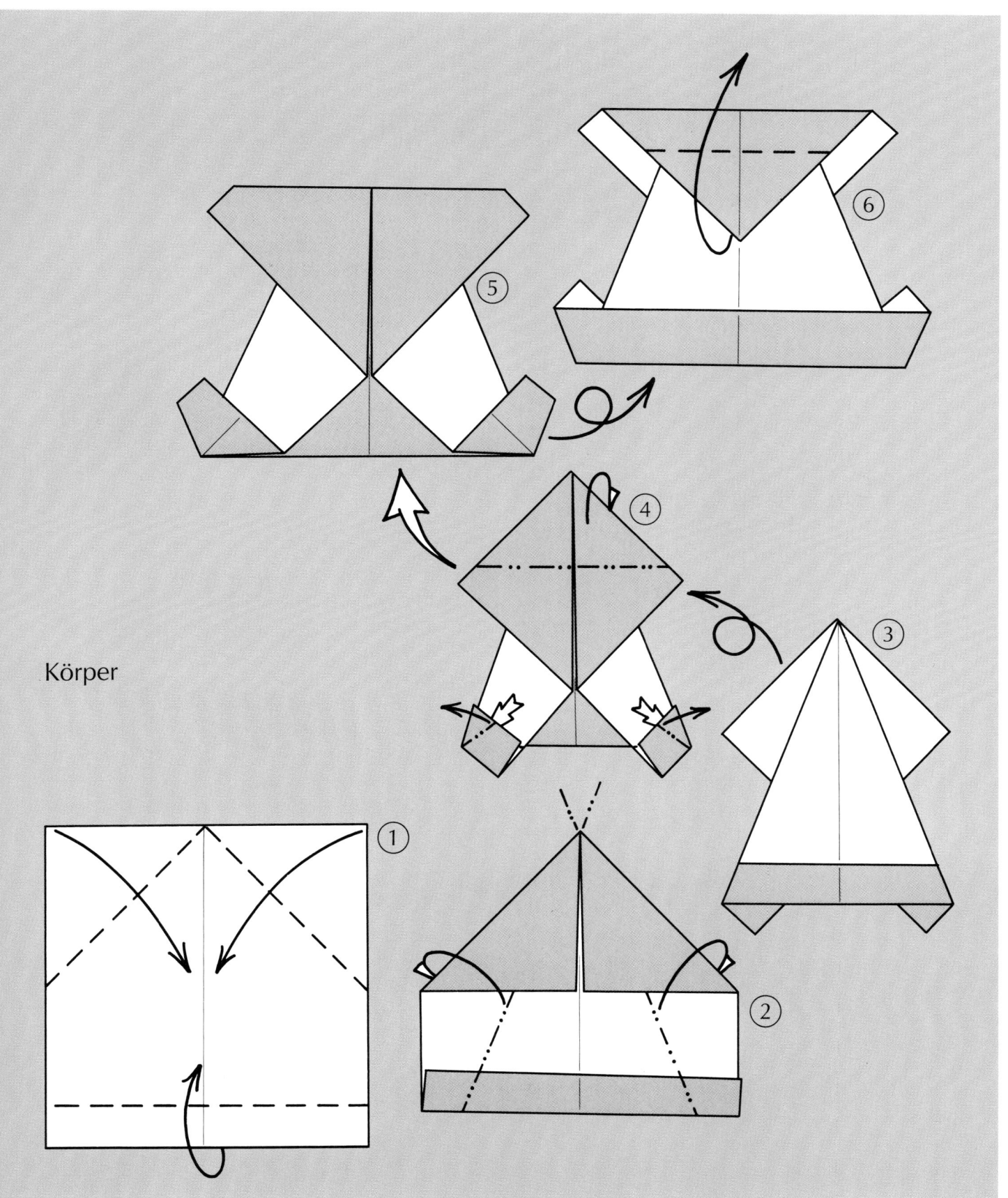

Körper

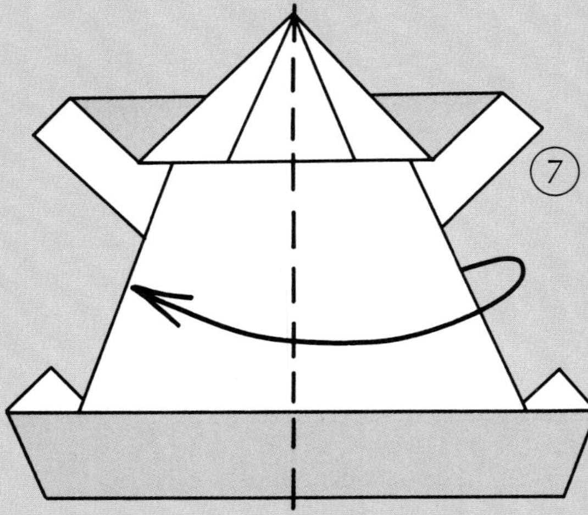

Den Kopf in der
gewünschten
Stellung auf dem
Körper aus-
balancieren.

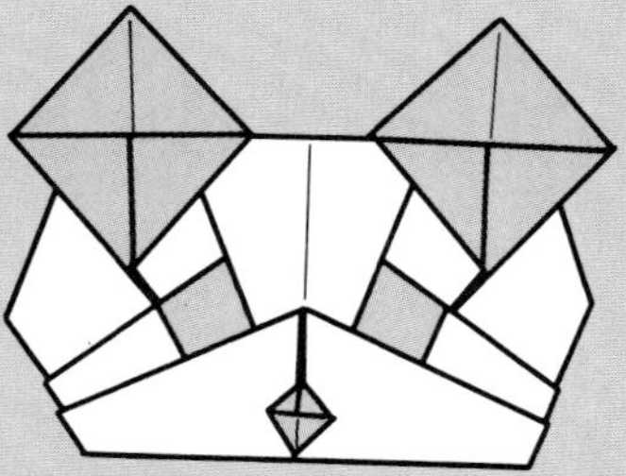

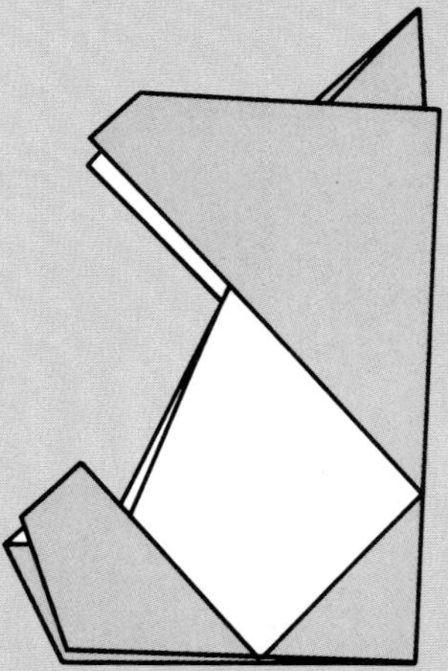

Fürs Büro
zu Hause

Bilderrahmen

LARRY HART

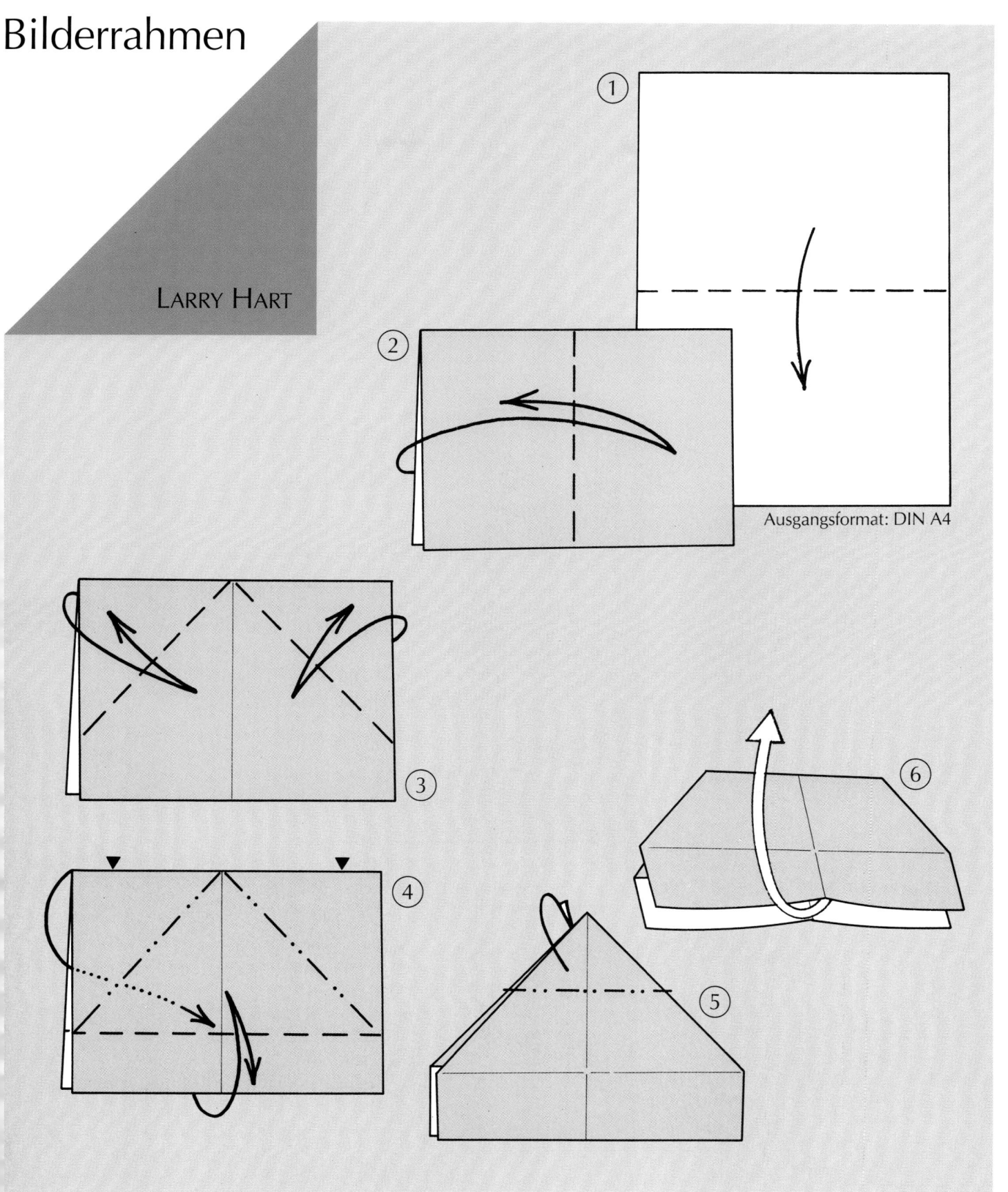

Ausgangsformat: DIN A4

In Schritt 9 und 10 werden die horizontalen und vertikalen Begrenzungen entsprechend der Maße des Photos gefaltet. (Im hier gezeigten Beispiel ist es das Postkartenformat 10,5 x 15 cm)

Nach dem Ausführen der Faltungen in Schritt 10 das Photo herausnehmen…

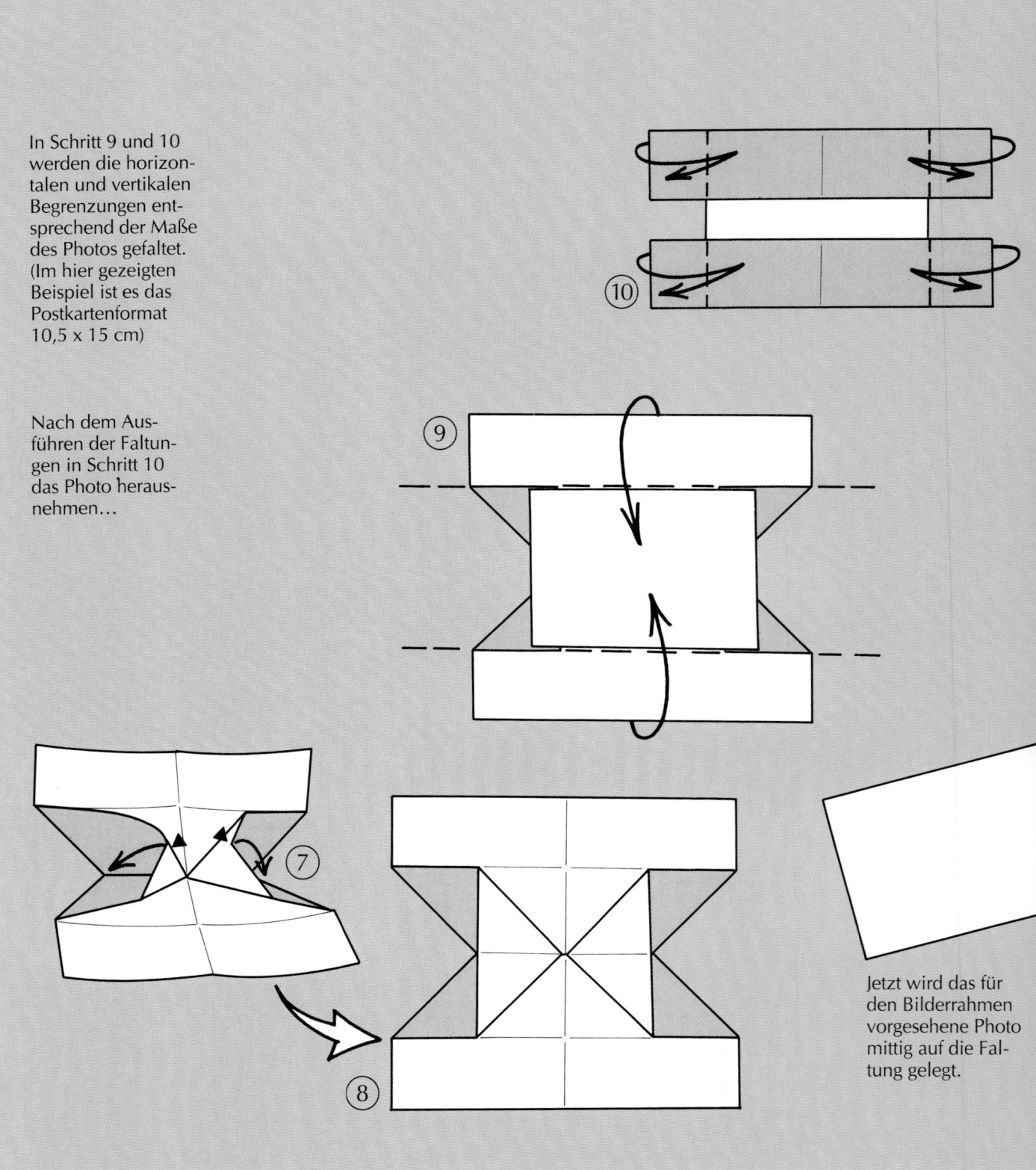

Jetzt wird das für den Bilderrahmen vorgesehene Photo mittig auf die Faltung gelegt.

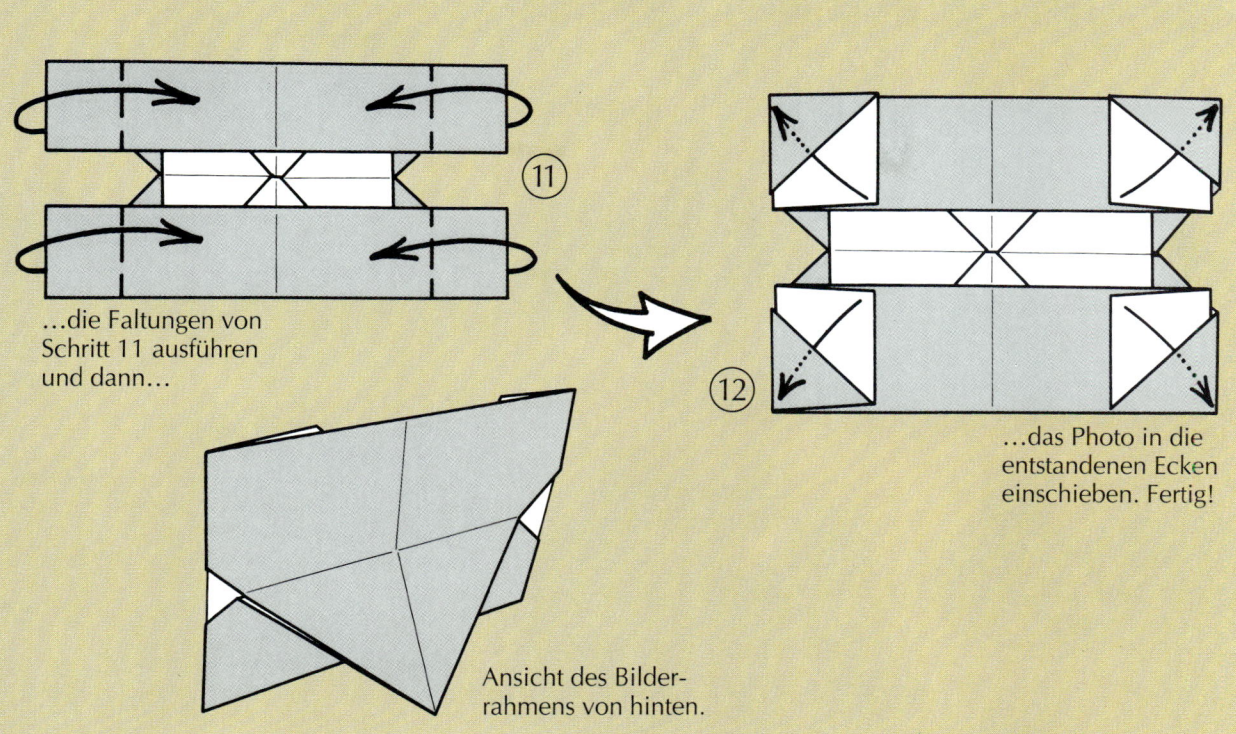

⑪

...die Faltungen von
Schritt 11 ausführen
und dann...

⑫

...das Photo in die
entstandenen Ecken
einschieben. Fertig!

Ansicht des Bilder-
rahmens von hinten.

Notizbuch

MARTIN WALL

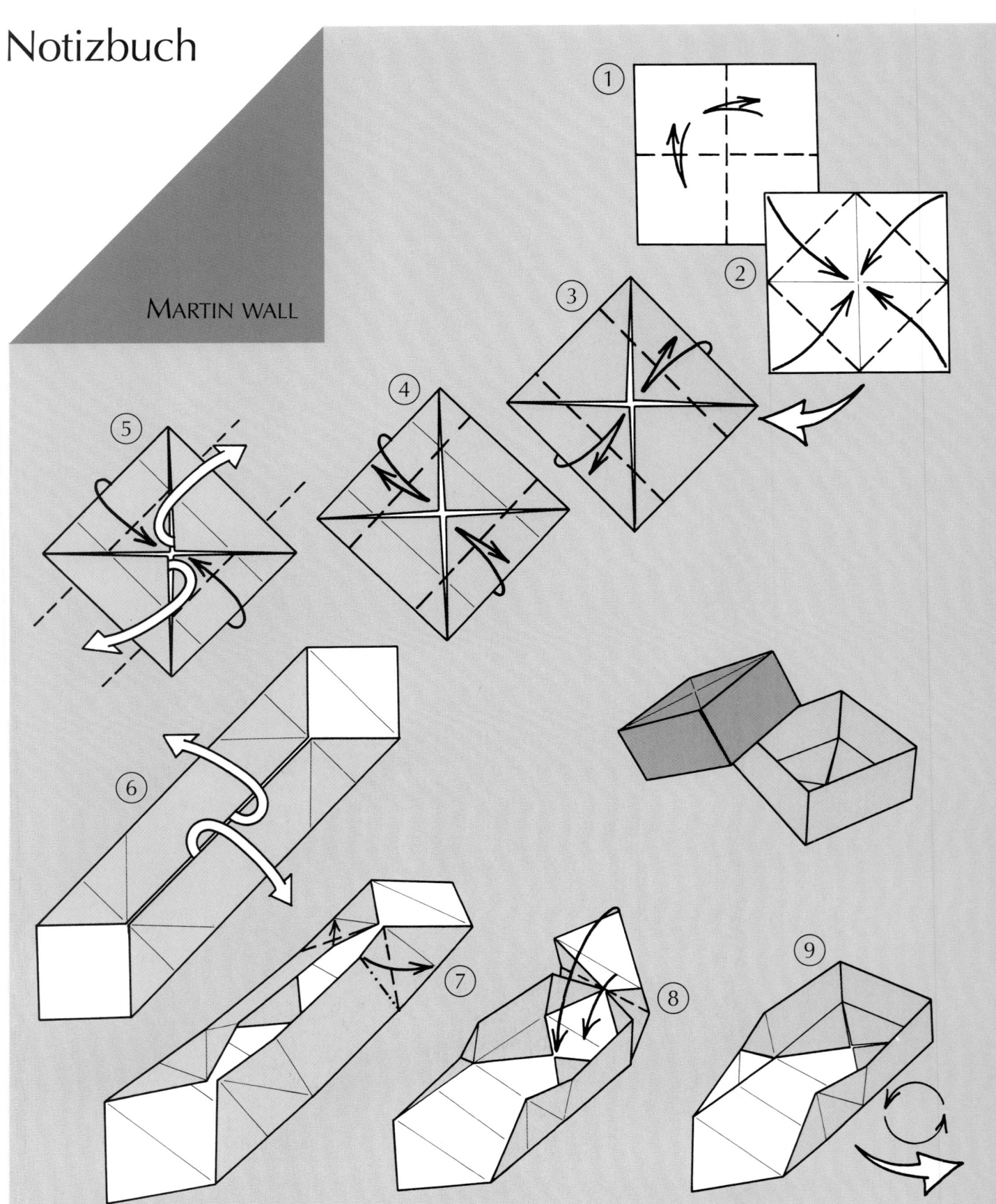

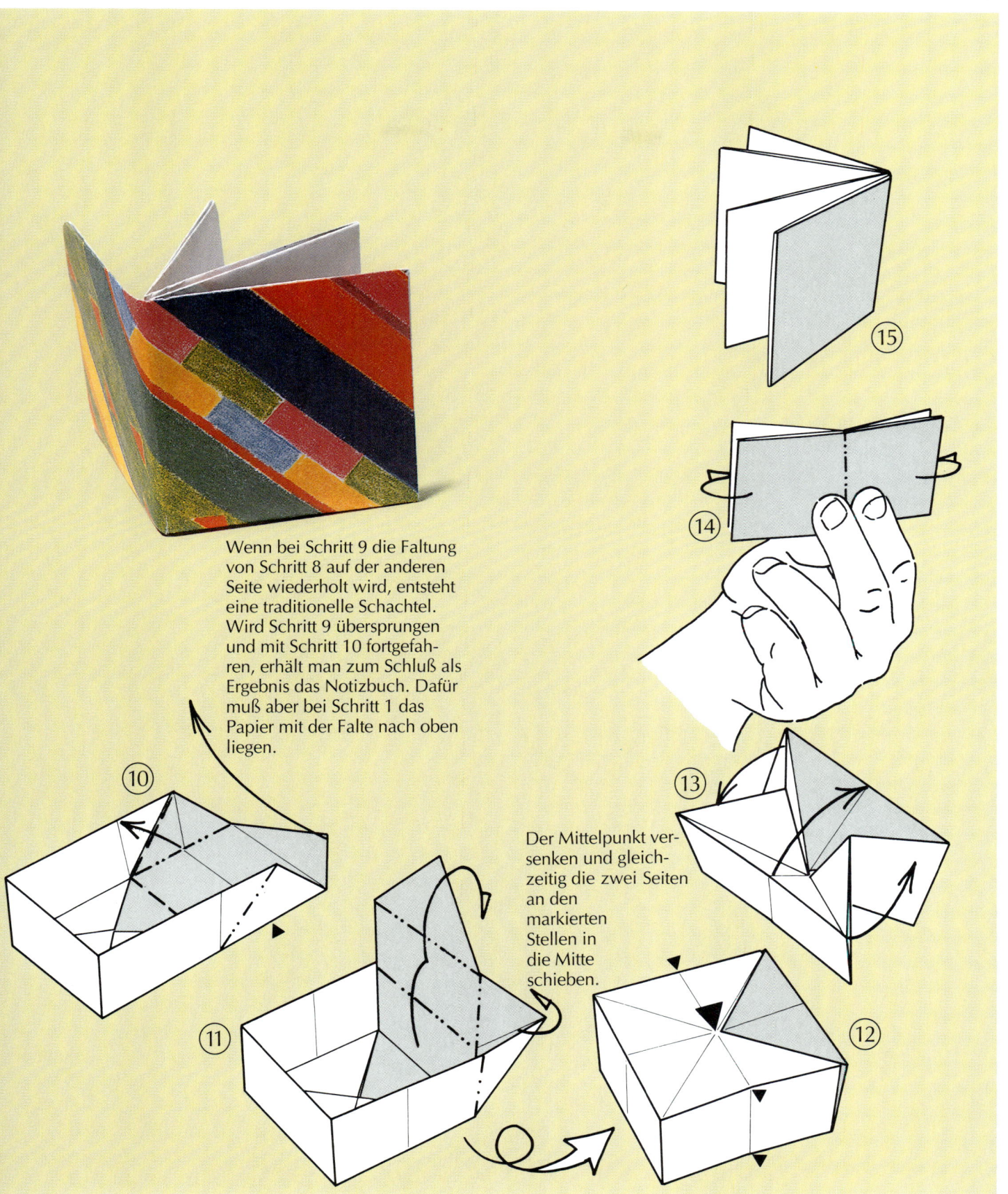

Wenn bei Schritt 9 die Faltung
von Schritt 8 auf der anderen
Seite wiederholt wird, entsteht
eine traditionelle Schachtel.
Wird Schritt 9 übersprungen
und mit Schritt 10 fortgefah-
ren, erhält man zum Schluß als
Ergebnis das Notizbuch. Dafür
muß aber bei Schritt 1 das
Papier mit der Falte nach oben
liegen.

⑩

⑪

Der Mittelpunkt ver-
senken und gleich-
zeitig die zwei Seiten
an den
markierten
Stellen in
die Mitte
schieben.

⑫

⑬

⑭

⑮

Container

GIUSEPPE BAGGI

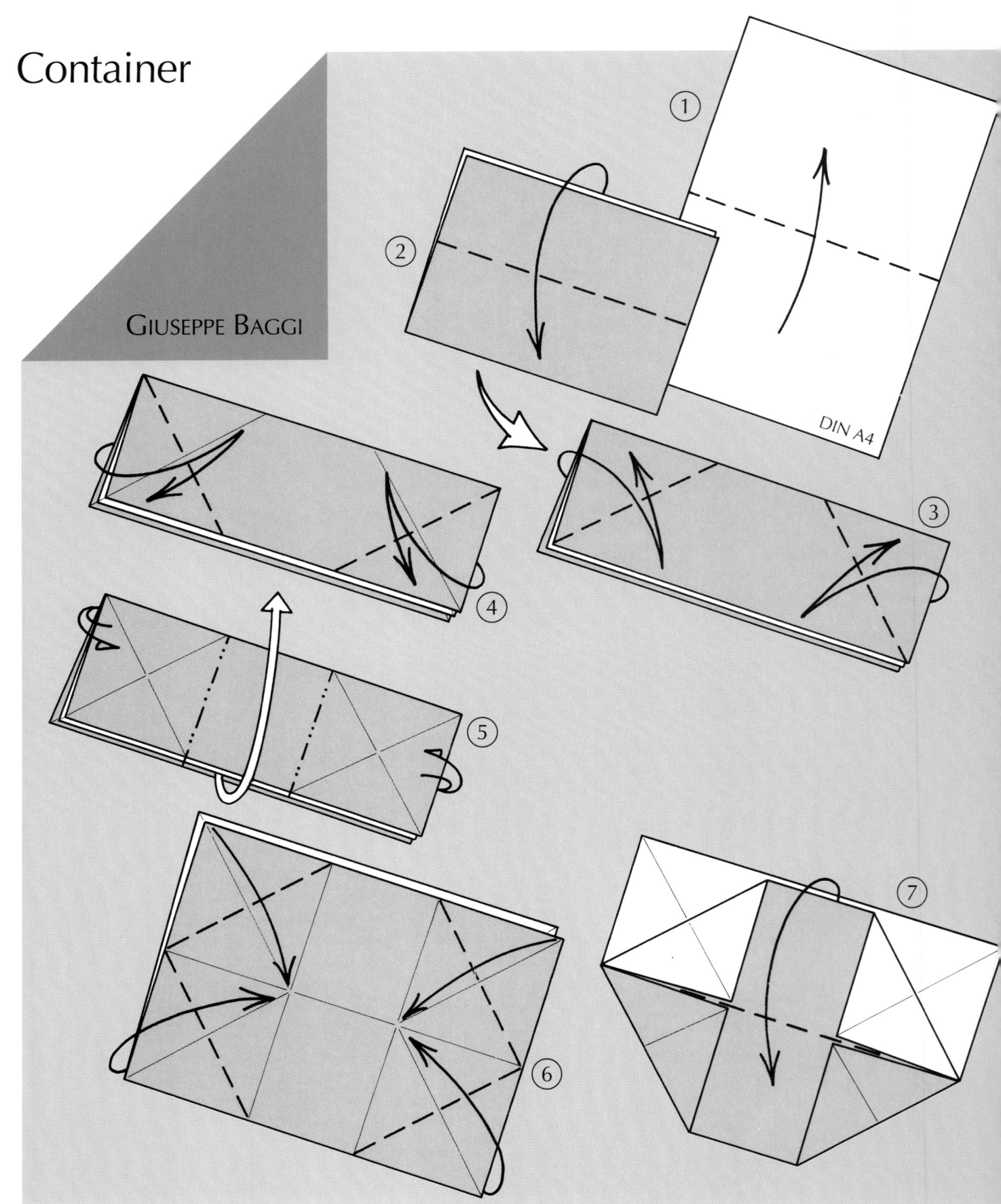

DIN A4

Dieser Container ist das Ergebnis, wenn das DIN A4-Papier in Schritt 1 durch die Talfalte nicht quer, sondern längs geteilt wird und die weiteren Schritte auf der neuen Ausgangsbasis ausgeführt werden.

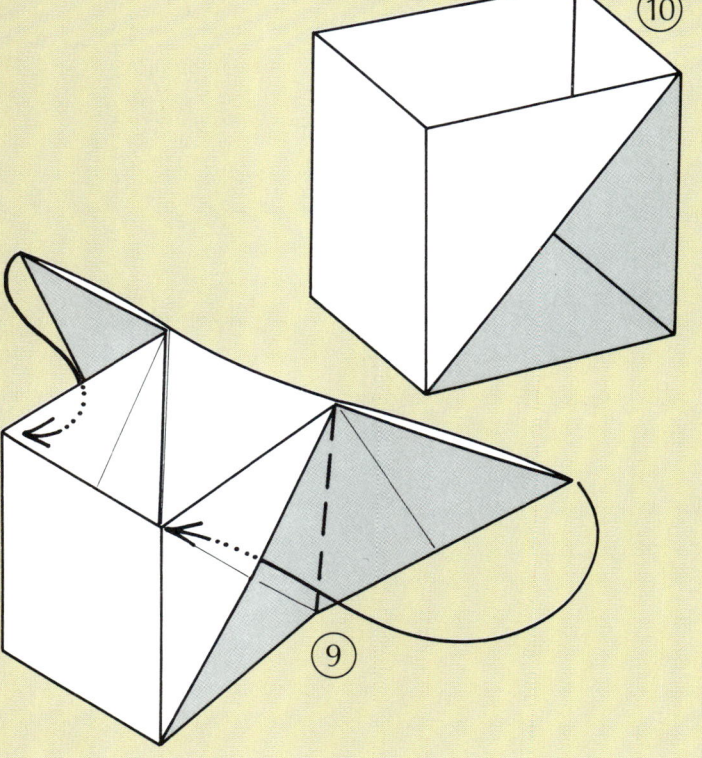

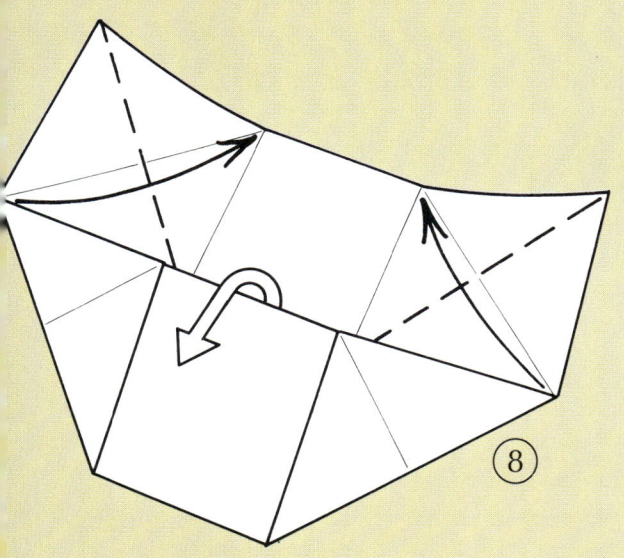

Mappe

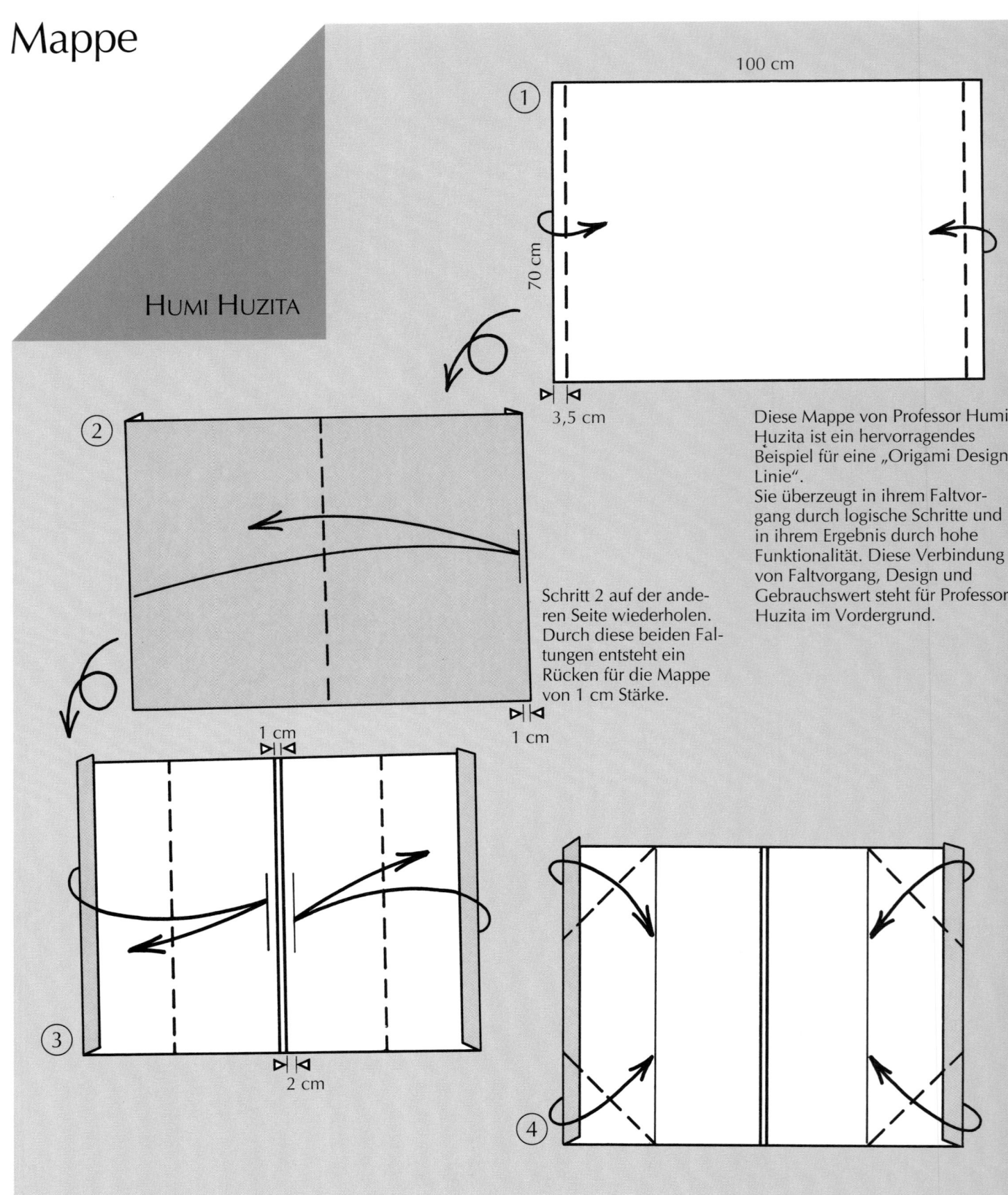

HUMI HUZITA

100 cm

70 cm

①

3,5 cm

Diese Mappe von Professor Humi Huzita ist ein hervorragendes Beispiel für eine „Origami Design Linie".
Sie überzeugt in ihrem Faltvorgang durch logische Schritte und in ihrem Ergebnis durch hohe Funktionalität. Diese Verbindung von Faltvorgang, Design und Gebrauchswert steht für Professor Huzita im Vordergrund.

②

Schritt 2 auf der anderen Seite wiederholen. Durch diese beiden Faltungen entsteht ein Rücken für die Mappe von 1 cm Stärke.

1 cm

1 cm

1 cm

③

2 cm

④

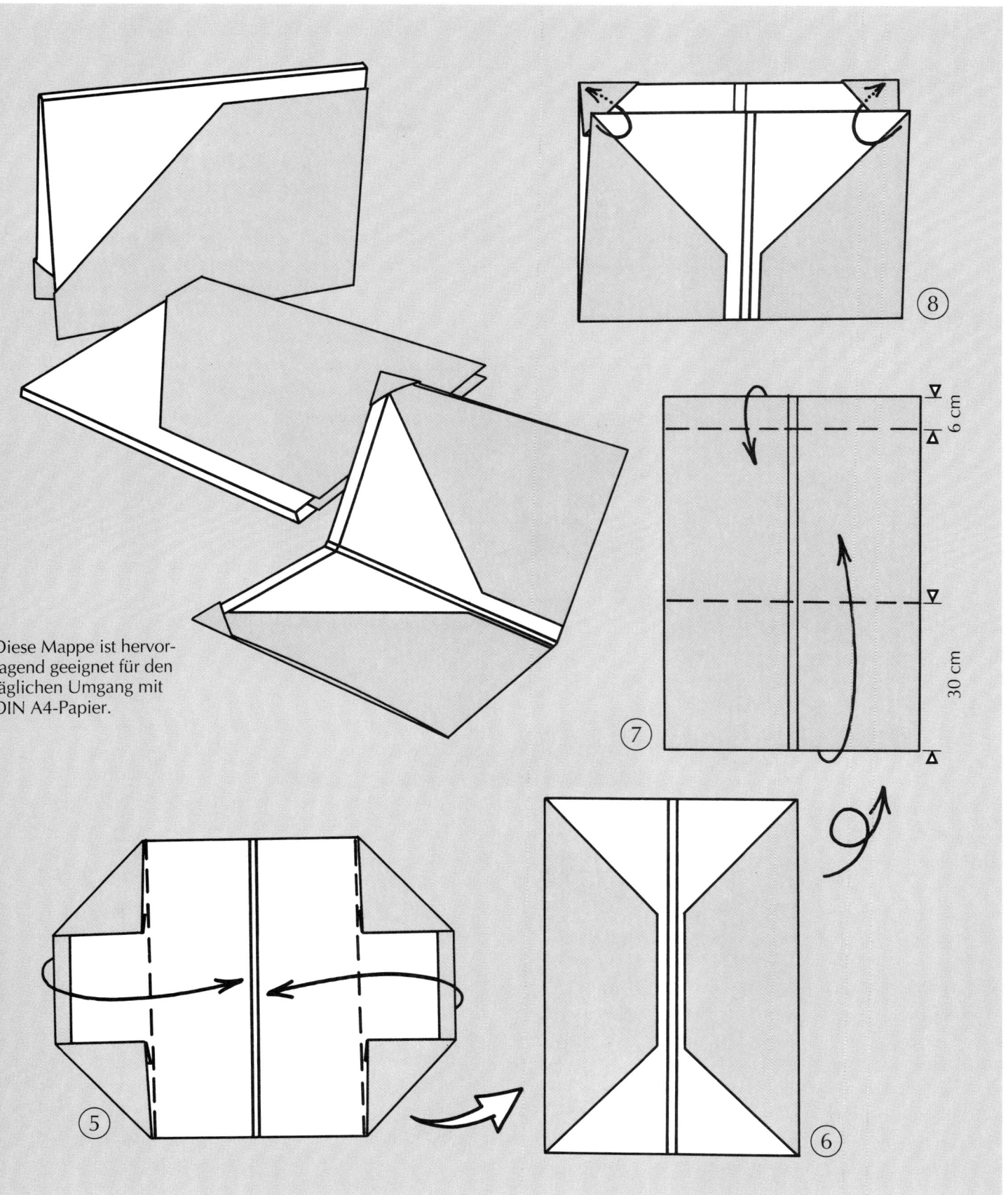

Diese Mappe ist hervor-
ragend geeignet für den
täglichen Umgang mit
DIN A4-Papier.

Daisy's Envelope

NICK ROBINSON

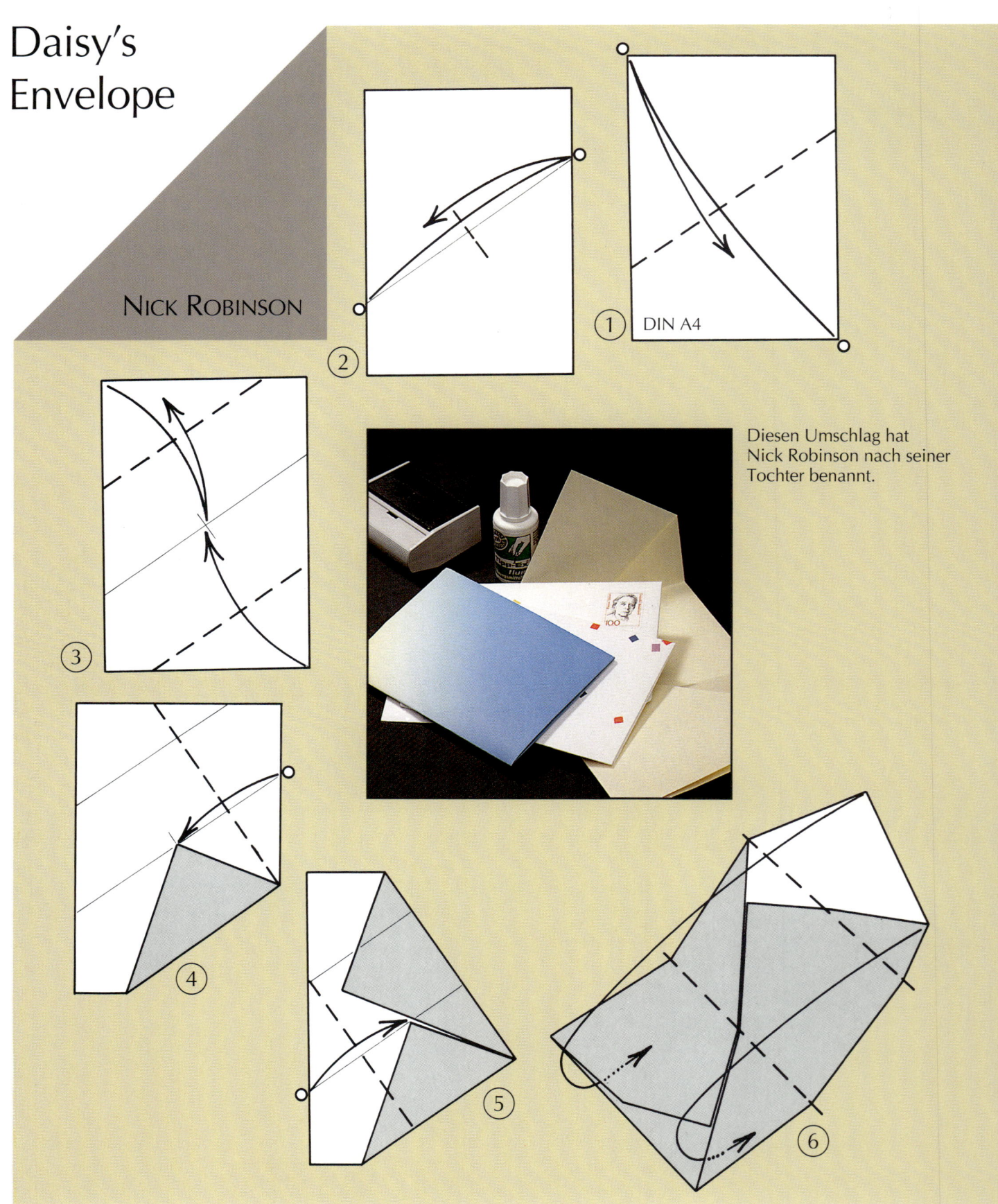

Diesen Umschlag hat
Nick Robinson nach seiner
Tochter benannt.

DIN A4

Geschenk-packungen

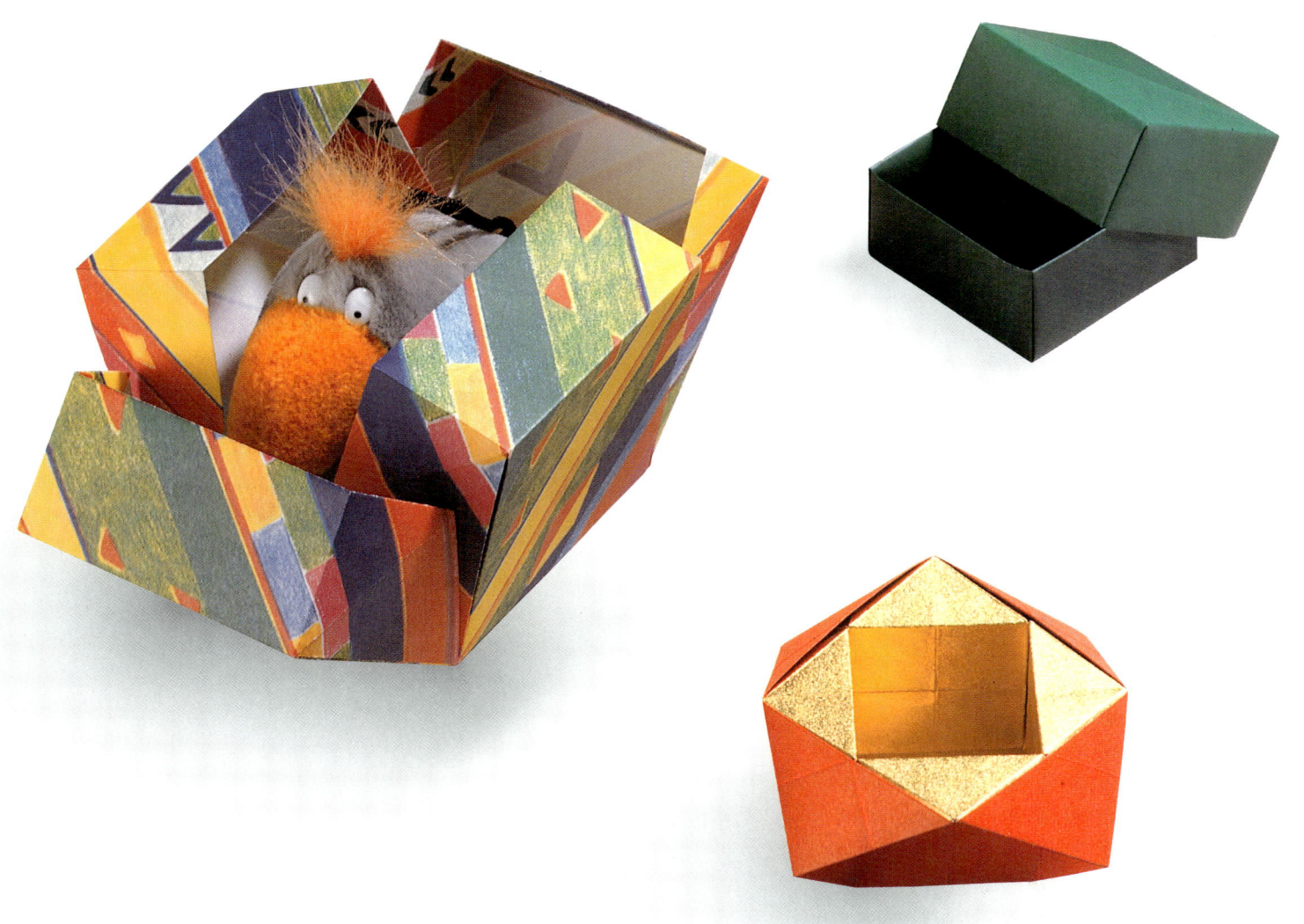

Schale

PHILIP SHEN
zugeschrieben

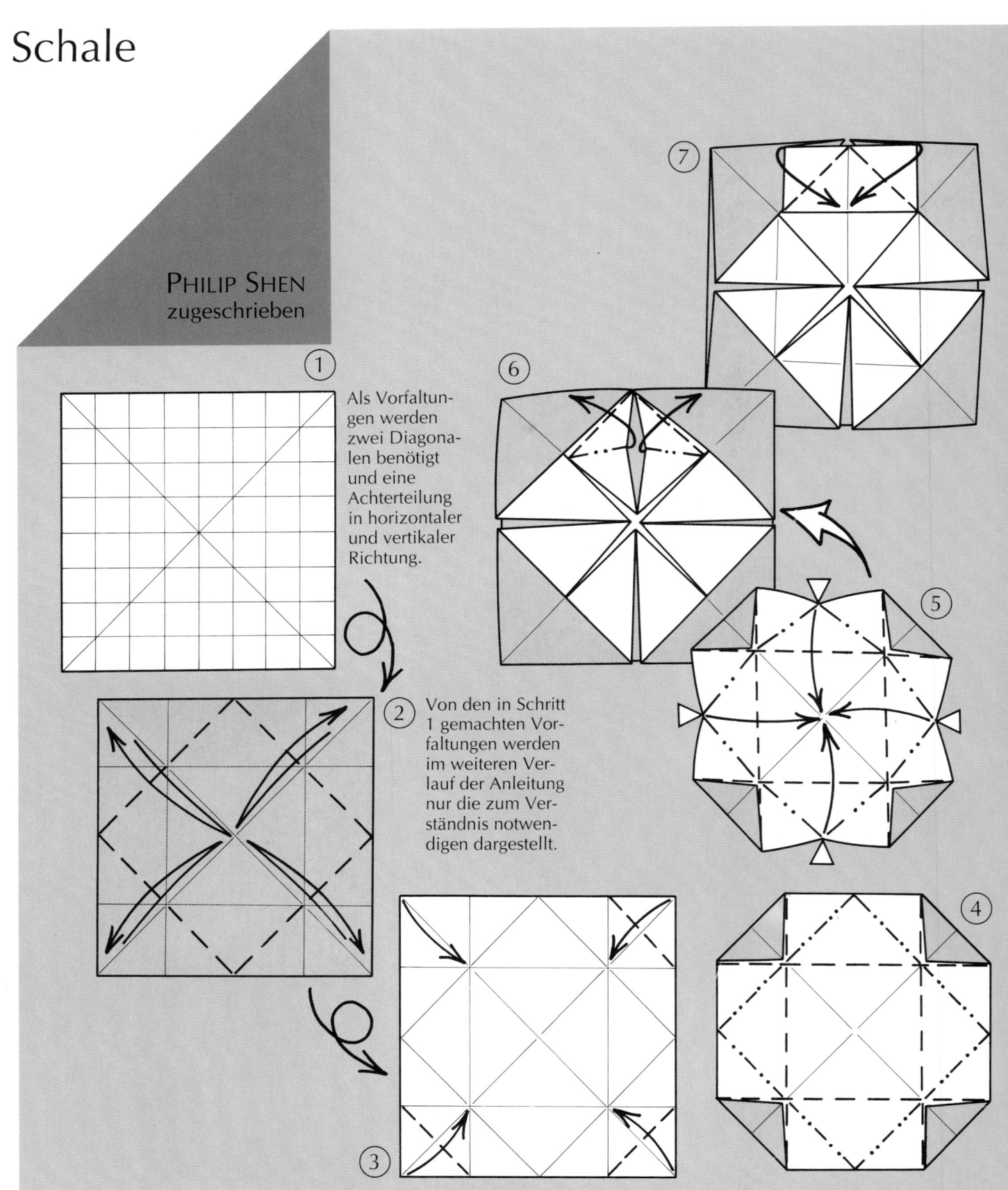

① Als Vorfaltungen werden zwei Diagonalen benötigt und eine Achterteilung in horizontaler und vertikaler Richtung.

② Von den in Schritt 1 gemachten Vorfaltungen werden im weiteren Verlauf der Anleitung nur die zum Verständnis notwendigen dargestellt.

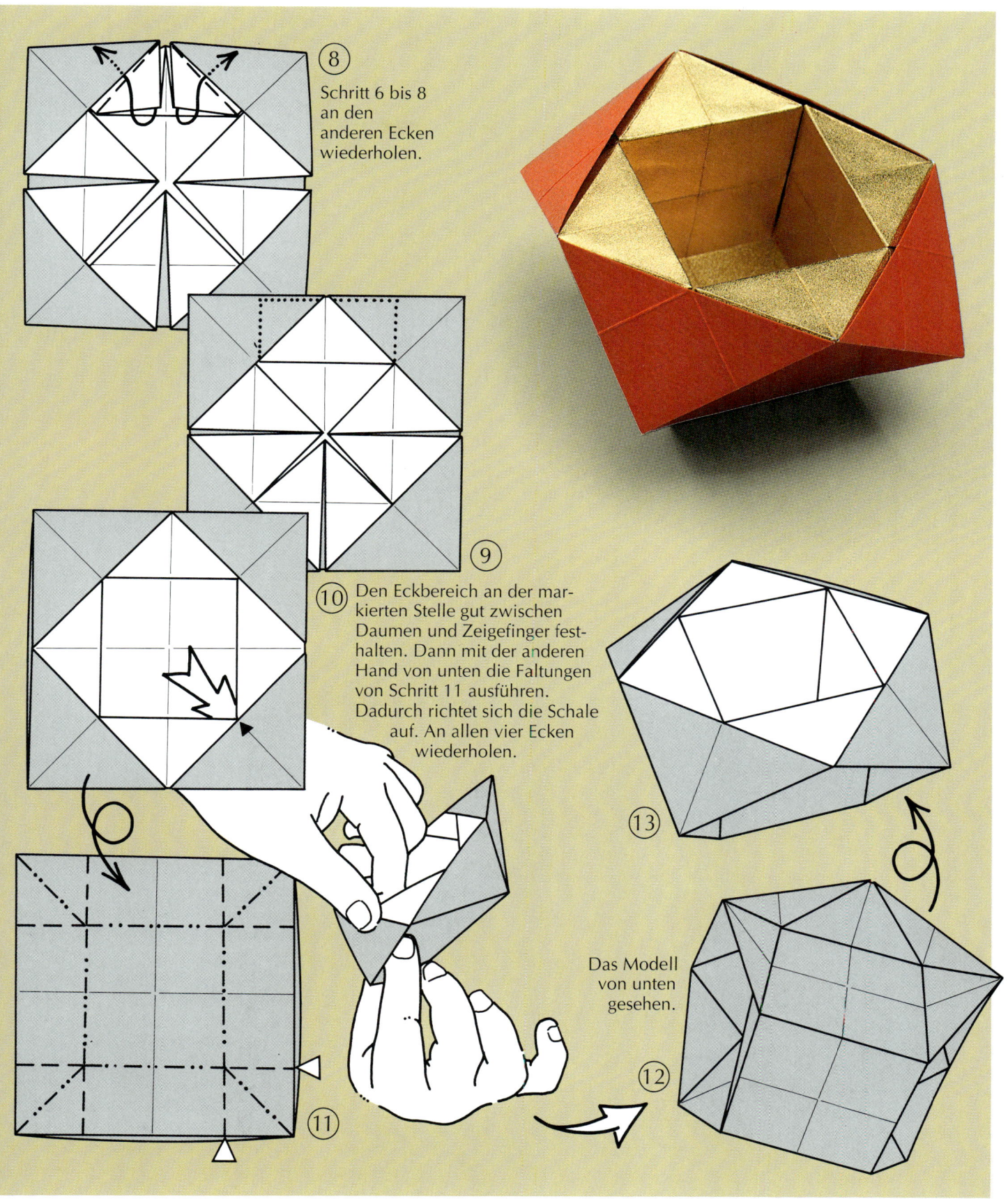

(8) Schritt 6 bis 8 an den anderen Ecken wiederholen.

(9)

(10) Den Eckbereich an der markierten Stelle gut zwischen Daumen und Zeigefinger festhalten. Dann mit der anderen Hand von unten die Faltungen von Schritt 11 ausführen. Dadurch richtet sich die Schale auf. An allen vier Ecken wiederholen.

(11)

(13)

(12) Das Modell von unten gesehen.

Geschenk-schachtel

GIOVANNI
MALTAGLIATTI

Zur Papiergröße: Für die Geschenkschachtel braucht man ein relativ großes Quadrat. Soll die fertige Schachtel z.B. eine Kantenlänge von 6 cm haben, muß das Papier 25 x 25 cm groß sein.

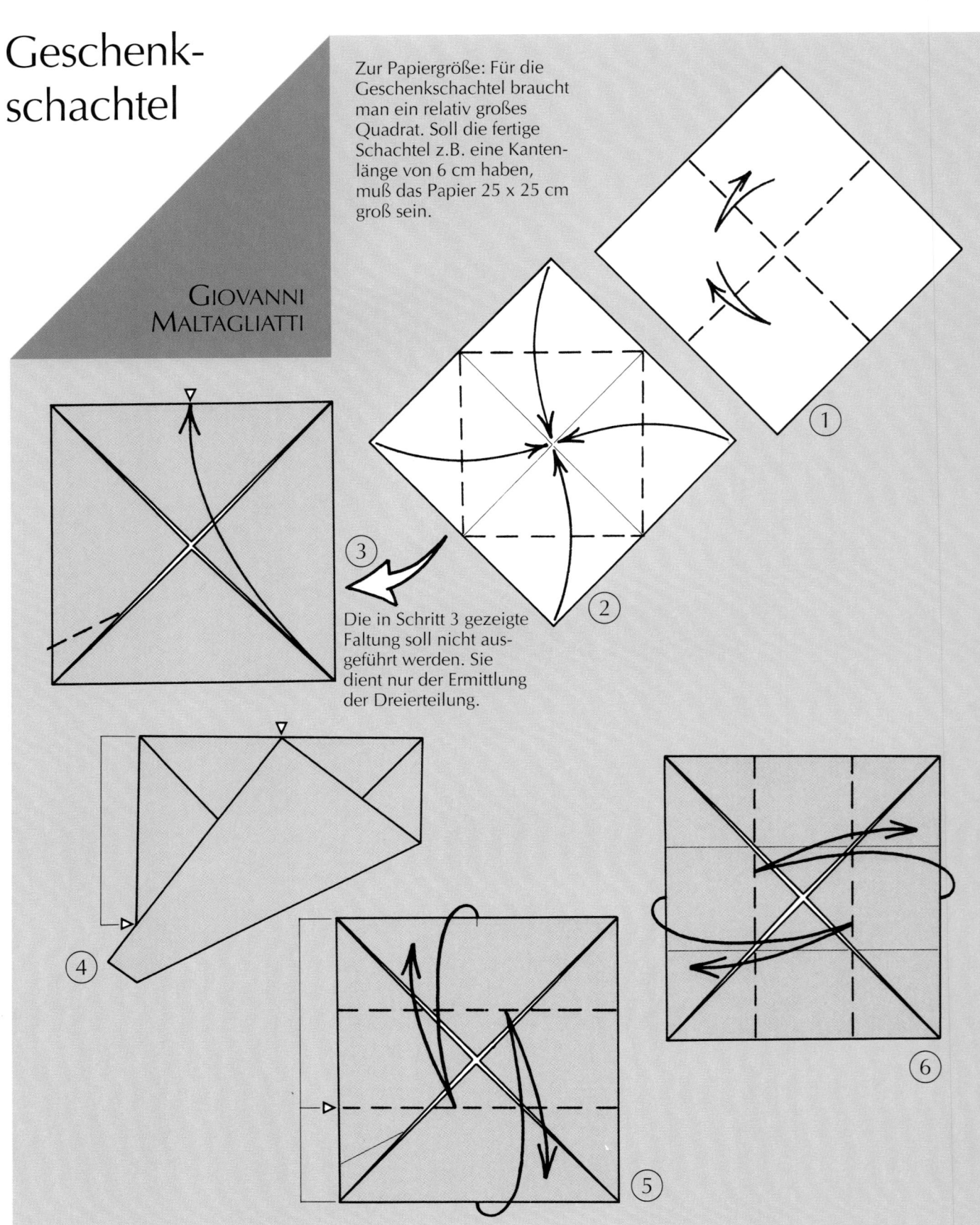

Die in Schritt 3 gezeigte Faltung soll nicht ausgeführt werden. Sie dient nur der Ermittlung der Dreierteilung.

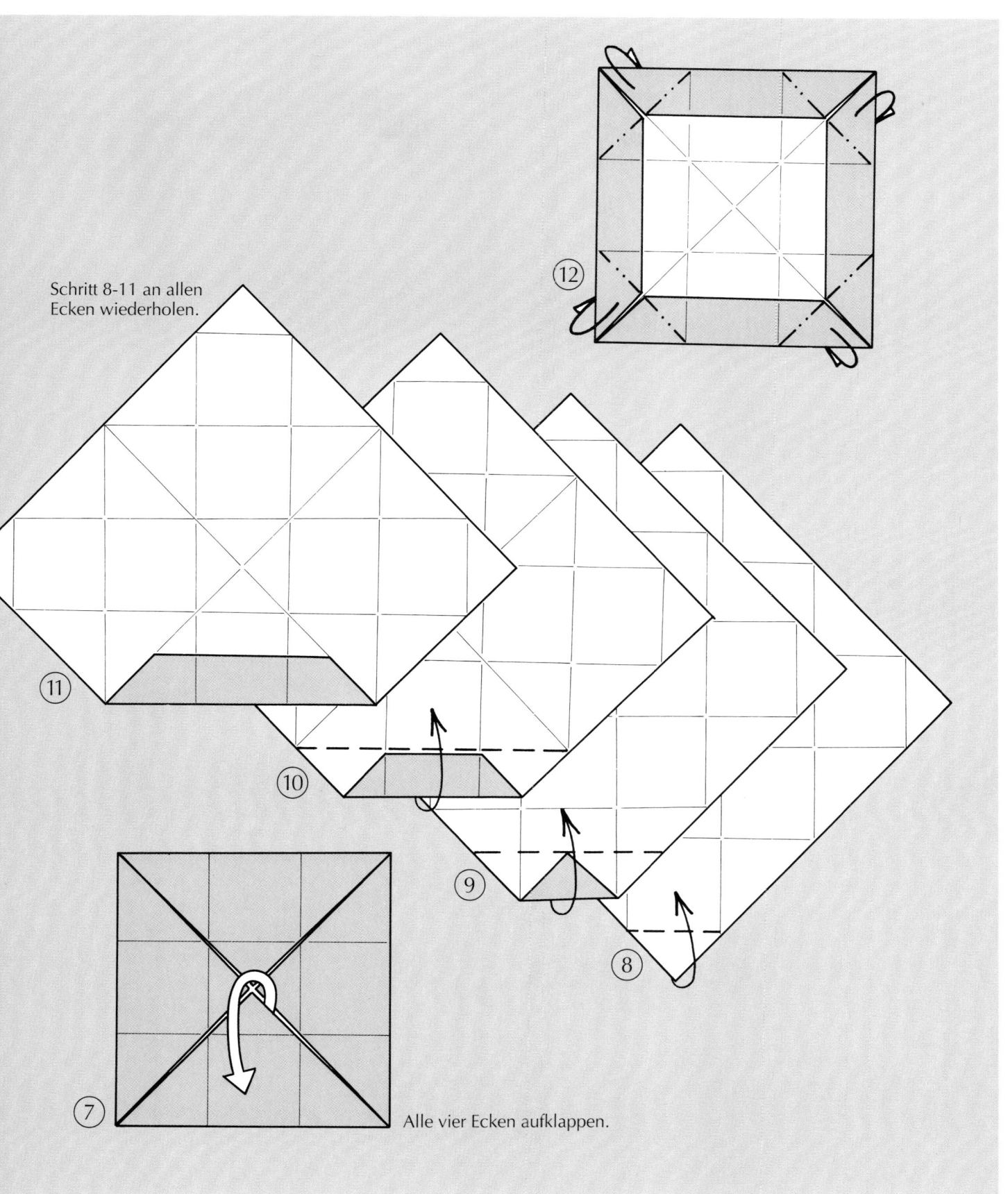

Schritt 8-11 an allen
Ecken wiederholen.

⑦

⑧

⑨

⑩

⑪

⑫

Alle vier Ecken aufklappen.

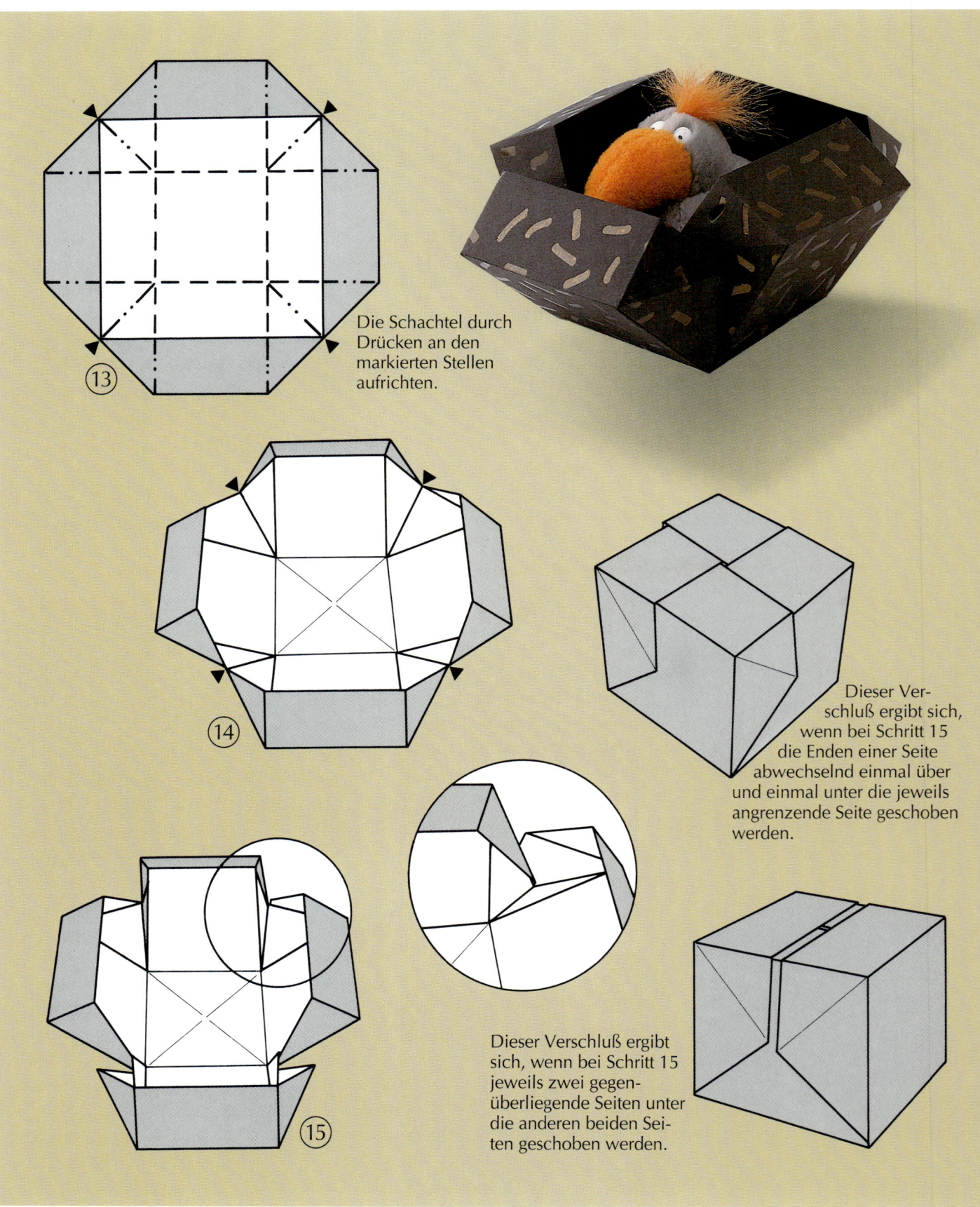

Die Schachtel durch
Drücken an den
markierten Stellen
aufrichten.

⑬

⑭

⑮

Dieser Ver-
schluß ergibt sich,
wenn bei Schritt 15
die Enden einer Seite
abwechselnd einmal über
und einmal unter die jeweils
angrenzende Seite geschoben
werden.

Dieser Verschluß ergibt
sich, wenn bei Schritt 15
jeweils zwei gegen-
überliegende Seiten unter
die anderen beiden Sei-
ten geschoben werden.

Weihnachtliches Origami

Stern

PAOLO BASCETTA

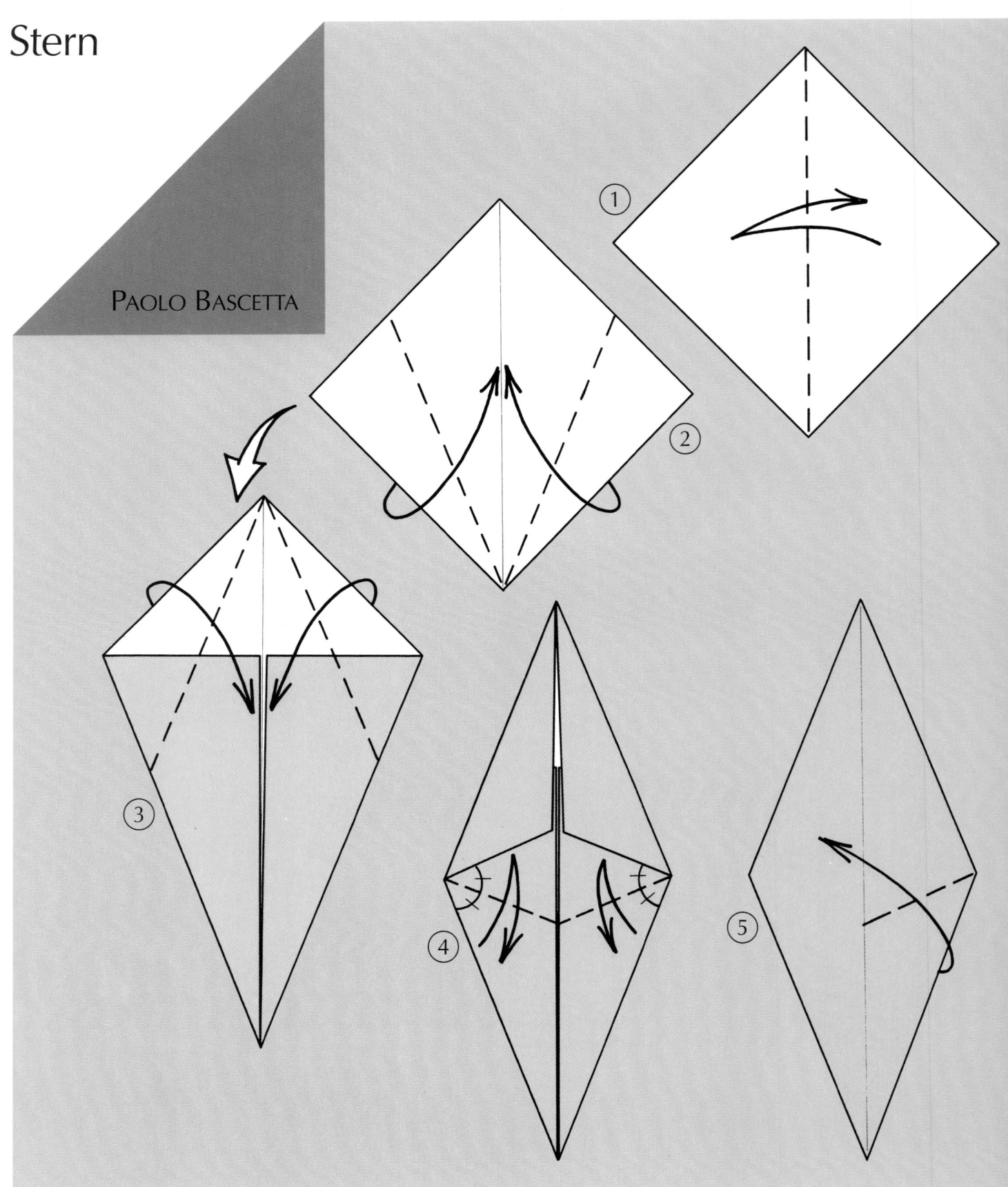

⑥

⑦ 8 gleiche Elemente falten

⑧

Sämtliche Elemente so zusammenstecken, wie in Schritt 8 gezeigt. Das letzte Element ist am schwierigsten einzufügen und erfordert am meisten Geduld.

Engel

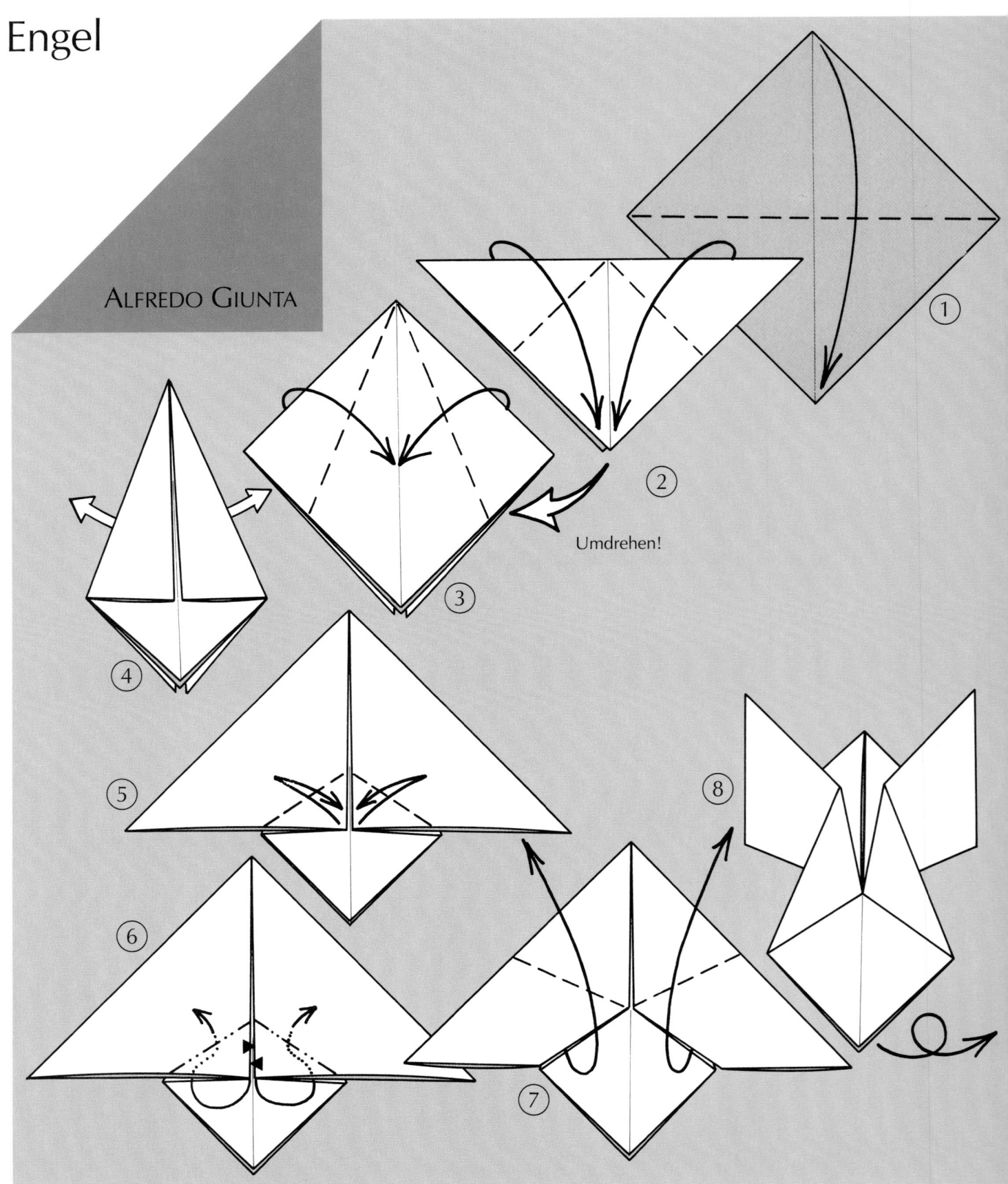

ALFREDO GIUNTA

① ② ③ ④ ⑤ ⑥ ⑦ ⑧

Umdrehen!

Die Talfalten für den Flügel
werden von der Rückseite
des Modells her
ausgeführt. Sie sind
beliebig und
dienen der
Rundung der
Flügel.

⑨

⑩

⑪

⑫

⑬

Dekoration

SAM CUILLA

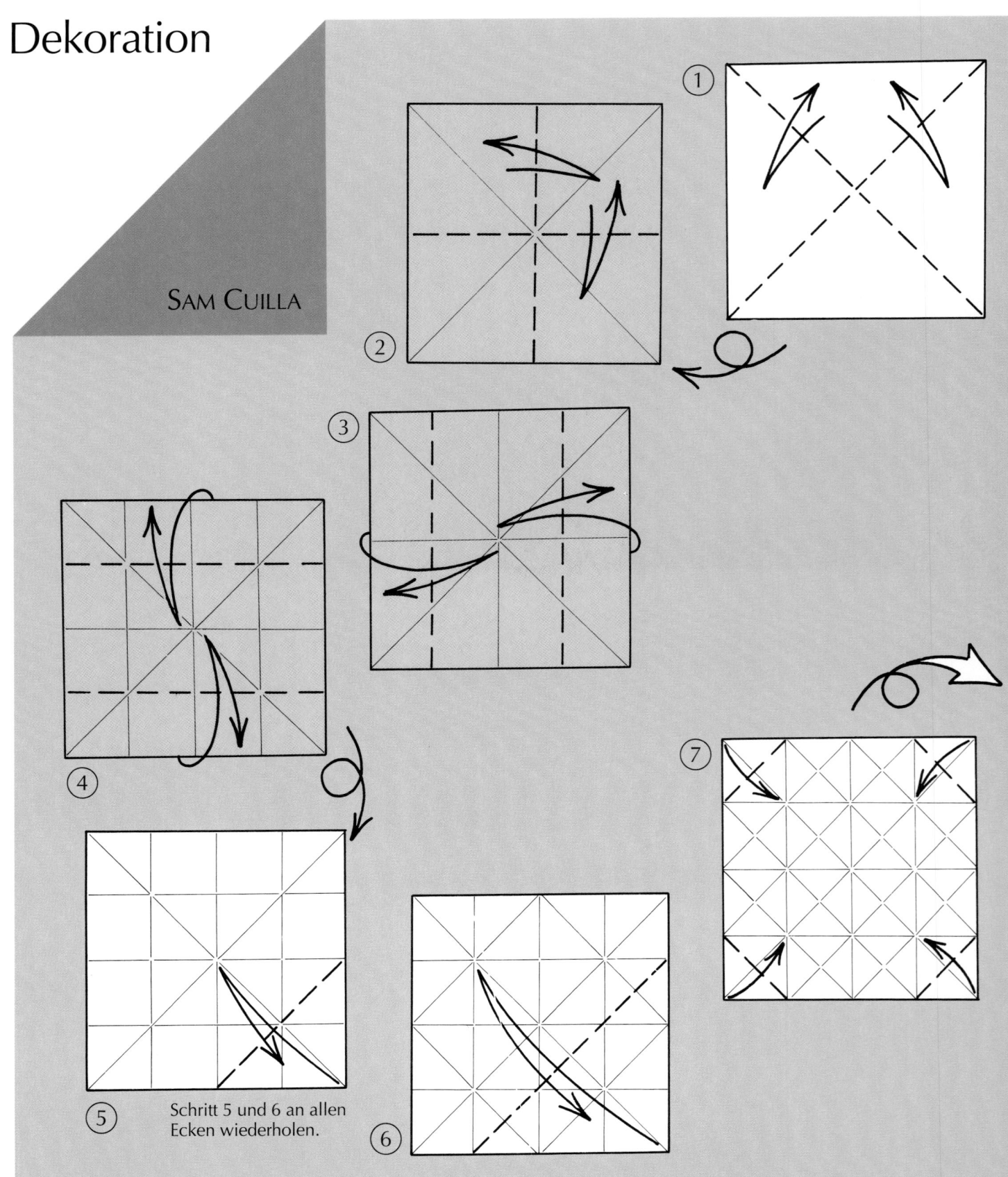

Schritt 5 und 6 an allen Ecken wiederholen.

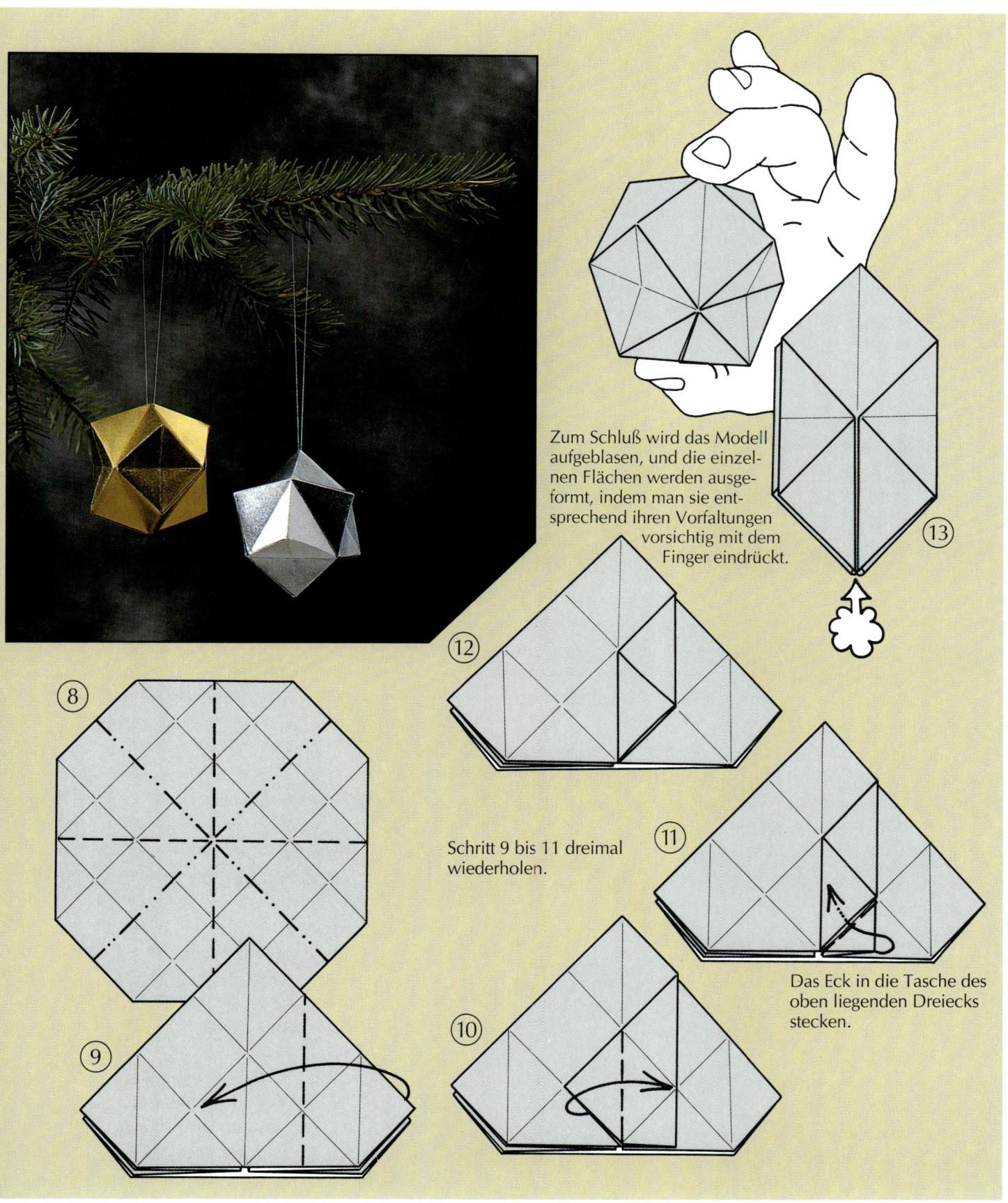

Zum Schluß wird das Modell aufgeblasen, und die einzelnen Flächen werden ausgeformt, indem man sie entsprechend ihren Vorfaltungen vorsichtig mit dem Finger eindrückt.

⑬

⑫

Schritt 9 bis 11 dreimal wiederholen.

⑪

Das Eck in die Tasche des oben liegenden Dreiecks stecken.

⑧

⑨

⑩

Happy Santa

JOHN SMITH

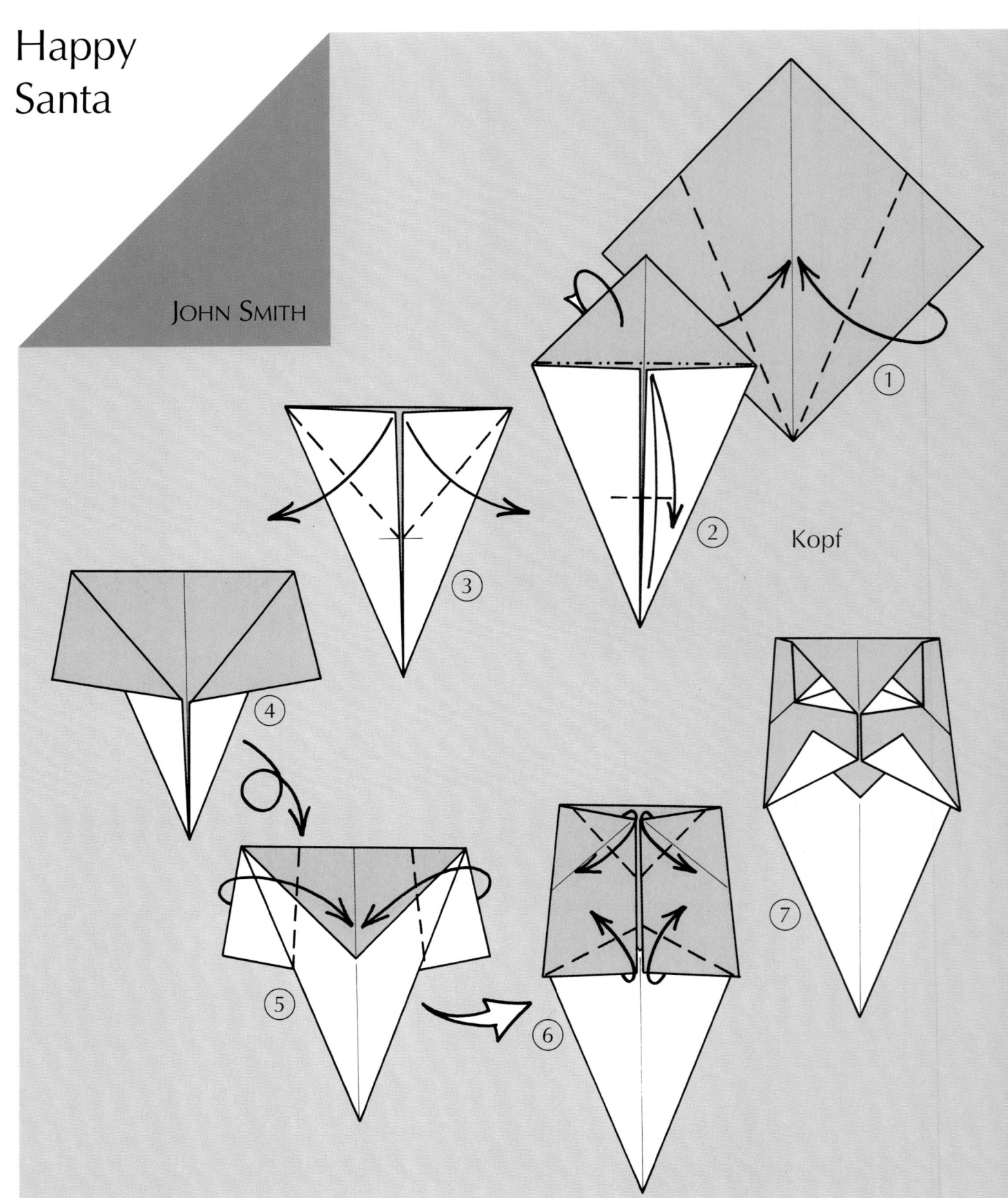

Kopf

John Smith hat viele Modelle entwickelt, bei
denen er ausschließlich Berg- und Talfalten
verwendet. Durch diese starke Selbstbeschrän-
kung hofft er, einfache Modelle zu finden, die
er unter dem Begriff »Pureland Origami«
zusammenfaßt.
Den hier gezeigten »Happy Santa« hat John
Smith 1991 für seine persönliche Weihnachts-
karte entworfen.

Mütze

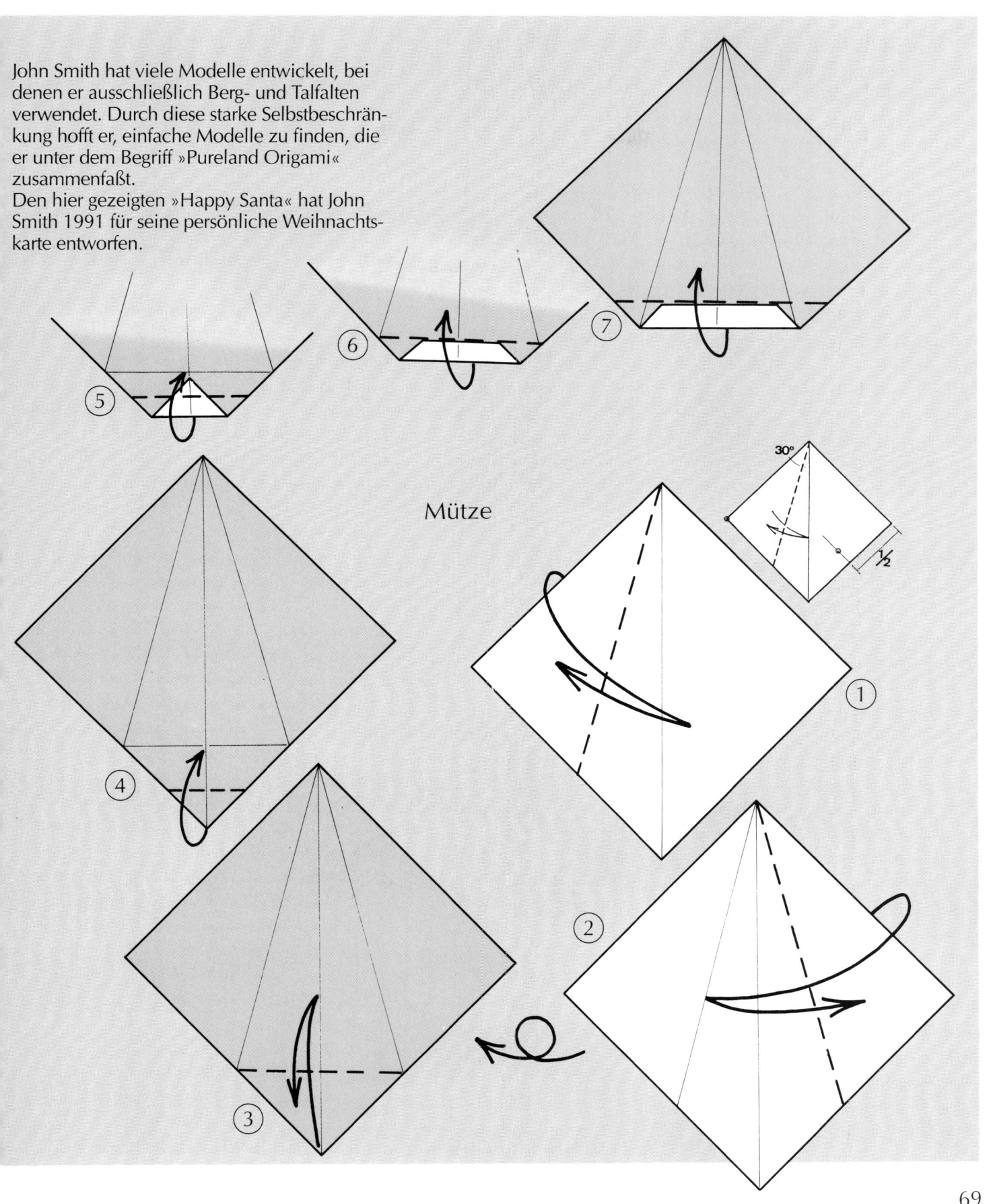

Geometrische Figuren

Würfel

TOMOKO FUSE

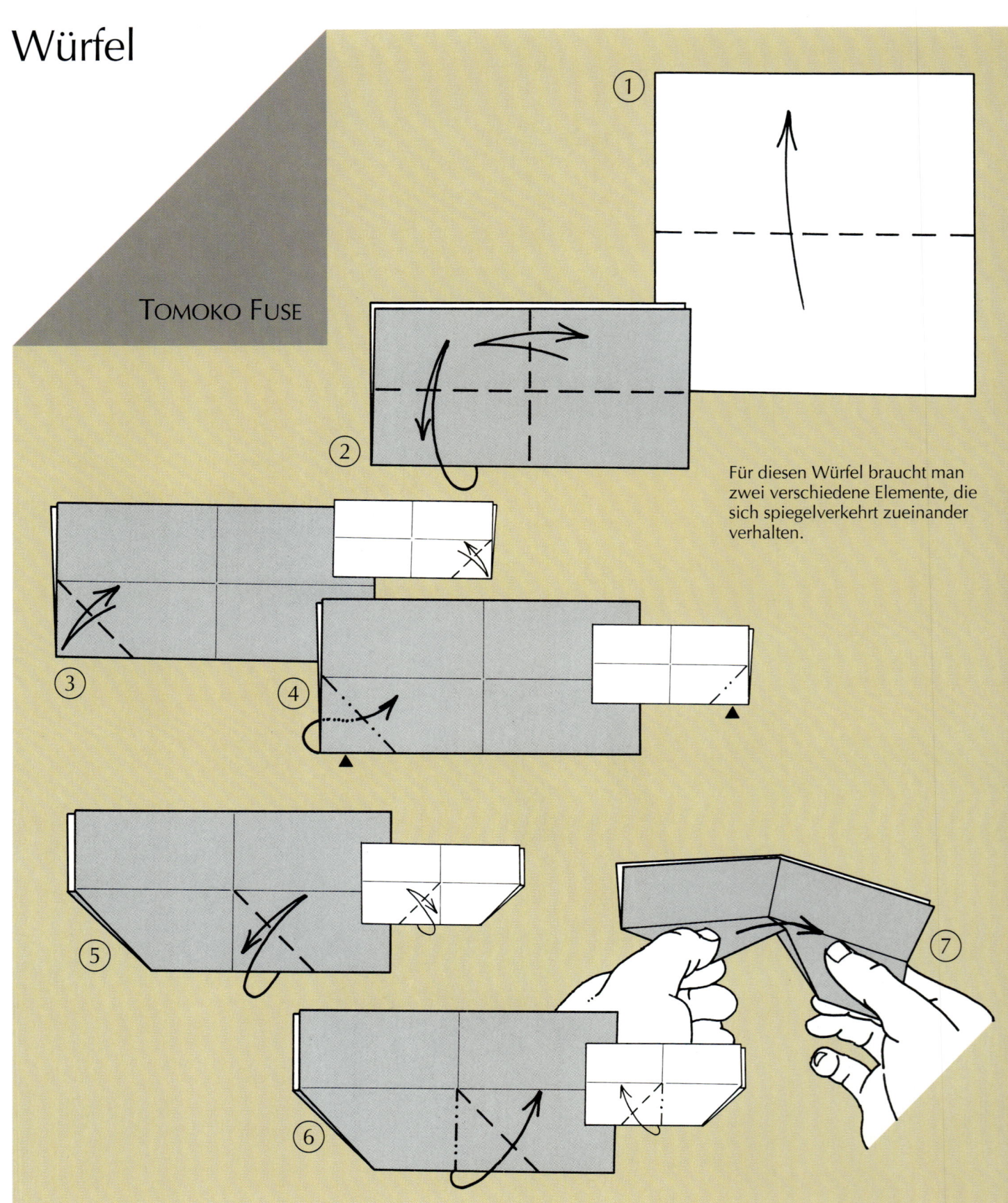

Für diesen Würfel braucht man zwei verschiedene Elemente, die sich spiegelverkehrt zueinander verhalten.

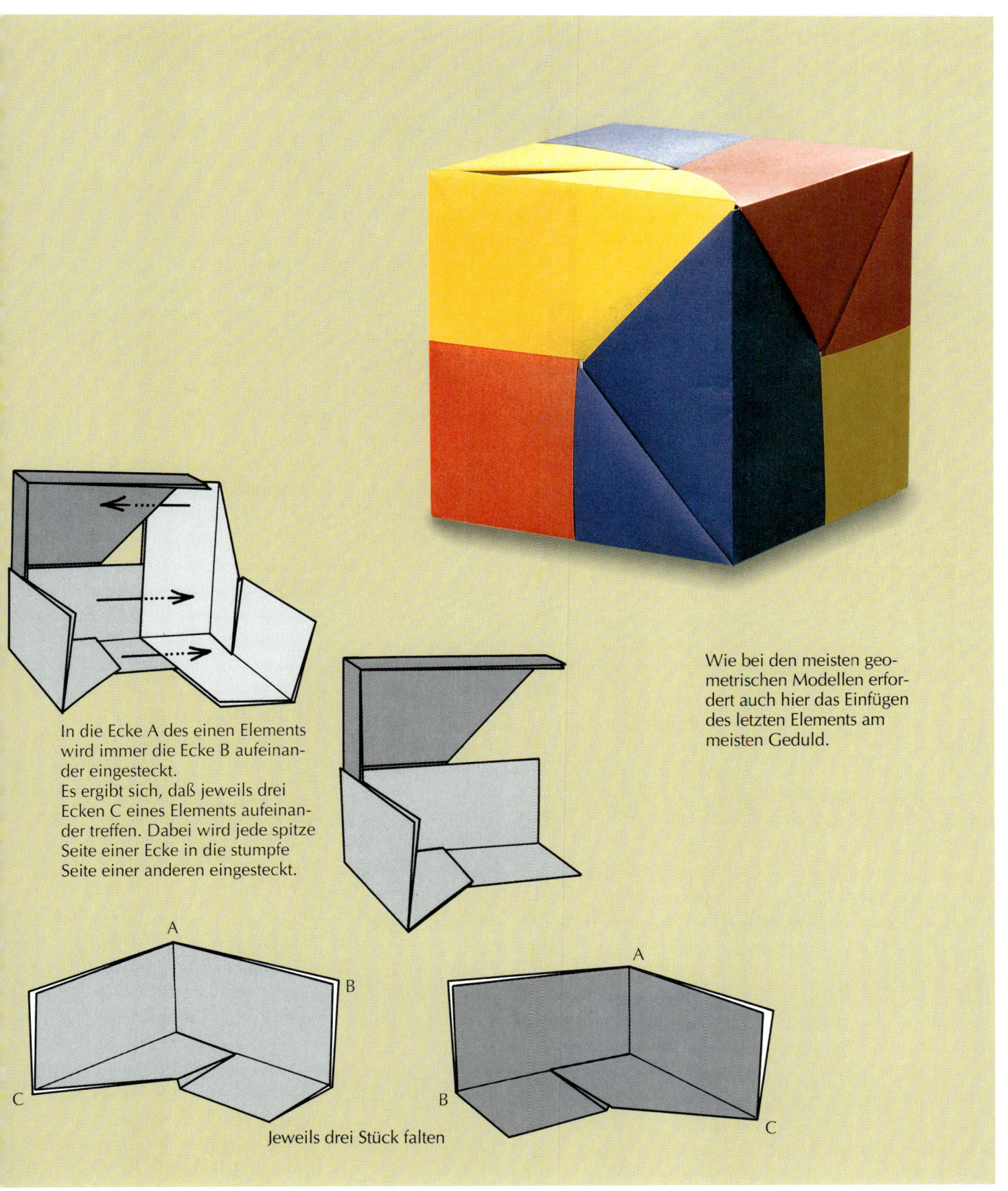

In die Ecke A des einen Elements
wird immer die Ecke B aufeinan-
der eingesteckt.
Es ergibt sich, daß jeweils drei
Ecken C eines Elements aufeinan-
der treffen. Dabei wird jede spitze
Seite einer Ecke in die stumpfe
Seite einer anderen eingesteckt.

Wie bei den meisten geo-
metrischen Modellen erfordert auch hier das Einfügen
des letzten Elements am
meisten Geduld.

A

B

C

A

B

C

Jeweils drei Stück falten

Offener Würfel

TOMOKO FUSE

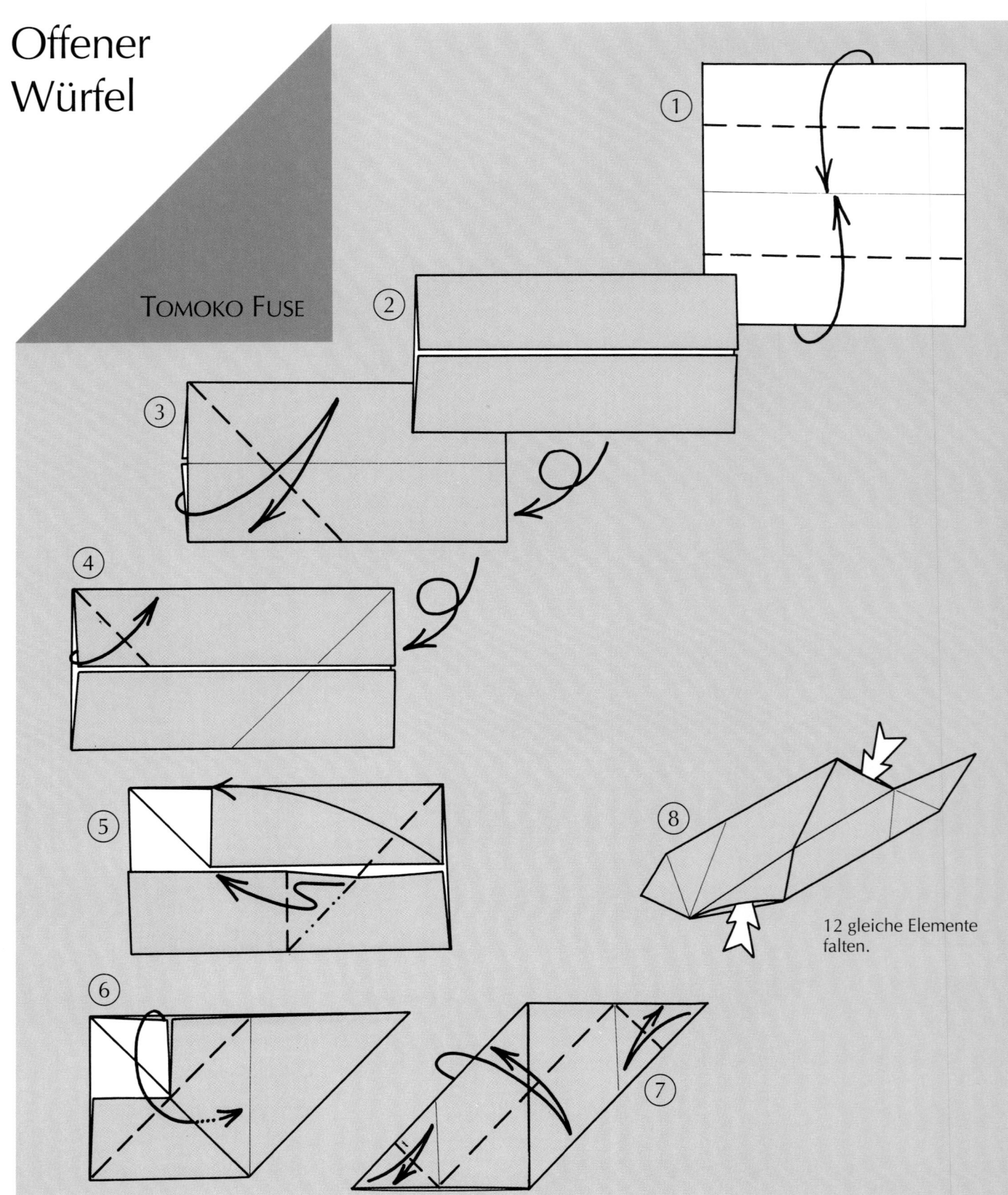

12 gleiche Elemente
falten.

⑨

des Element hat an
iden Enden sowohl eine
itze als auch eine
sche. Beim Zusammen-
ecken wird die Spitze des
en Elements in die
sche des anderen Ele-
ents geschoben. Die Mit-
linien der Elemente, die
e Kanten des Würfels bil-
n, müssen rechtwinklig
einander stehen. Durch
drittes Element wird die
rbindung komplett.

Die Würfel regen zu verschiedenen
Kombinationsmöglichkeiten an. Die
hier gezeigte Idee stammt von Axel
Reissnecker.

75

Sonobe
Würfel

MITSUNOBU SONOBE

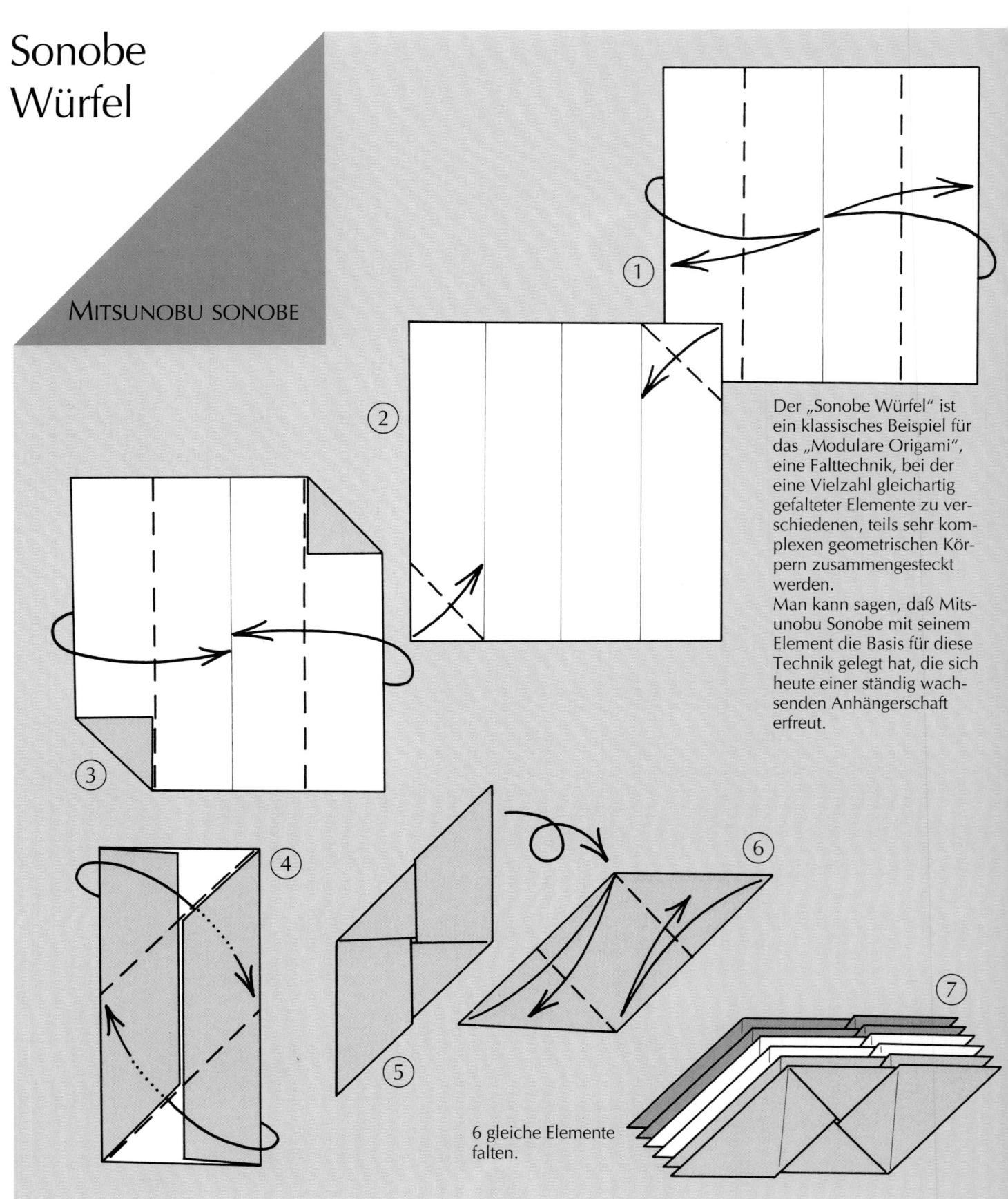

Der „Sonobe Würfel" ist
ein klassisches Beispiel für
das „Modulare Origami",
eine Falttechnik, bei der
eine Vielzahl gleichartig
gefalteter Elemente zu verschiedenen, teils sehr kom-
plexen geometrischen Kör-
pern zusammengesteckt
werden.
Man kann sagen, daß Mits-
unobu Sonobe mit seinem
Element die Basis für diese
Technik gelegt hat, die sich
heute einer ständig wach-
senden Anhängerschaft
erfreut.

6 gleiche Elemente
falten.

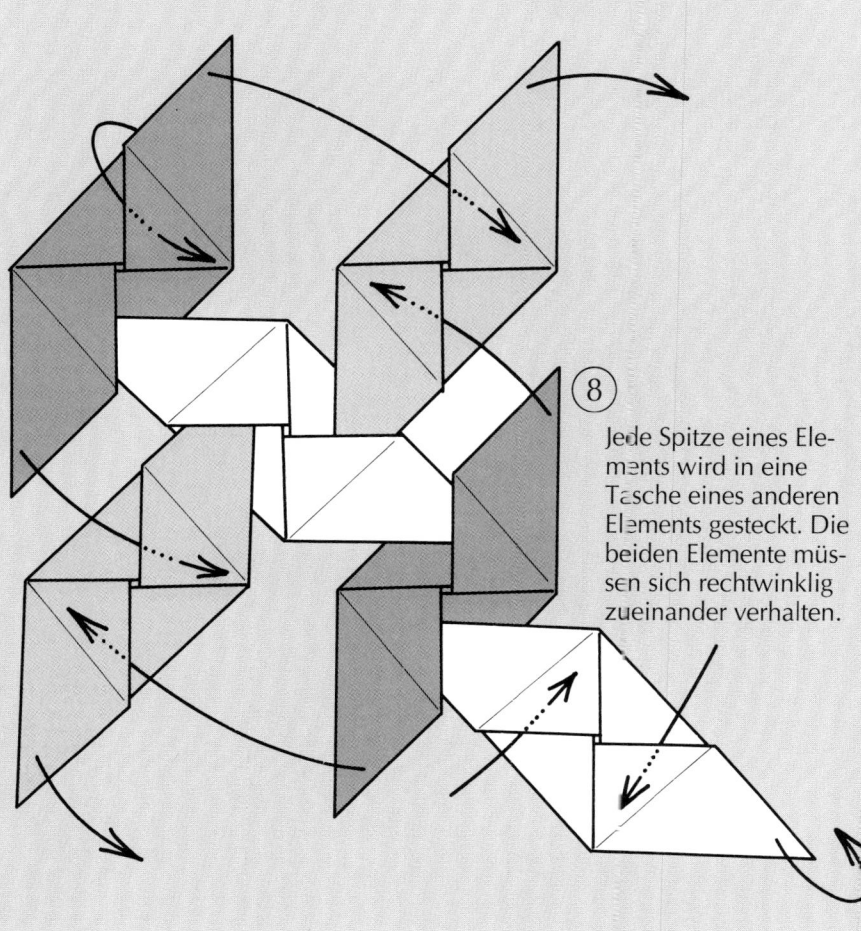

⑧ Jede Spitze eines Elements wird in eine Tasche eines anderen Elements gesteckt. Die beiden Elemente müssen sich rechtwinklig zueinander verhalten.

Zum Autor

Paulo Mulatinho wurde 1956 in Natal, Brasilien, geboren.
An der Pontifícia Universidade Católica in Rio de Janeiro studierte er Grafik- und Industriedesign.
Seit 1985 lebt er in Freising bei München. Er ist Gründungsmitglied und erster Vorsitzender von Origami Deutschland – Verein zur Förderung des Papierfaltens e.V. und verantwortlicher Redakteur der Vereinszeitschrift »der falter«.
Für sein Engagement zur Verbreitung des Origami erhielt Mulatinho 1990 den Kultur-Förderpreis des Landkreises Freising.

Kontakte

Origami Vereine gibt es in fast allen europäischen Ländern, ebenso in Japan und den USA.
Diese Organisationen verteilen Informationsmaterial, geben Hinweise über Bezugsquellen und vermitteln Kontakte. Sie veranstalten Falter-Treffen und geben eine Zeitschrift heraus.

Deutschland
Origami Deutschland
Postfach 1630
85316 Freising

Die Modelle in diesm Buch stammen von verschiedenen Autoren aus unterschiedlichen Ländern: England, Italien, USA, Spanien, Dänemark, Japan, Singapur und Hongkong.

Meine Bewunderung und mein Dank gilt den Autoren, die mir die freundliche Genehmigung zur Veröffentlichung ihrer Modelle in diesem Buch gegeben haben.

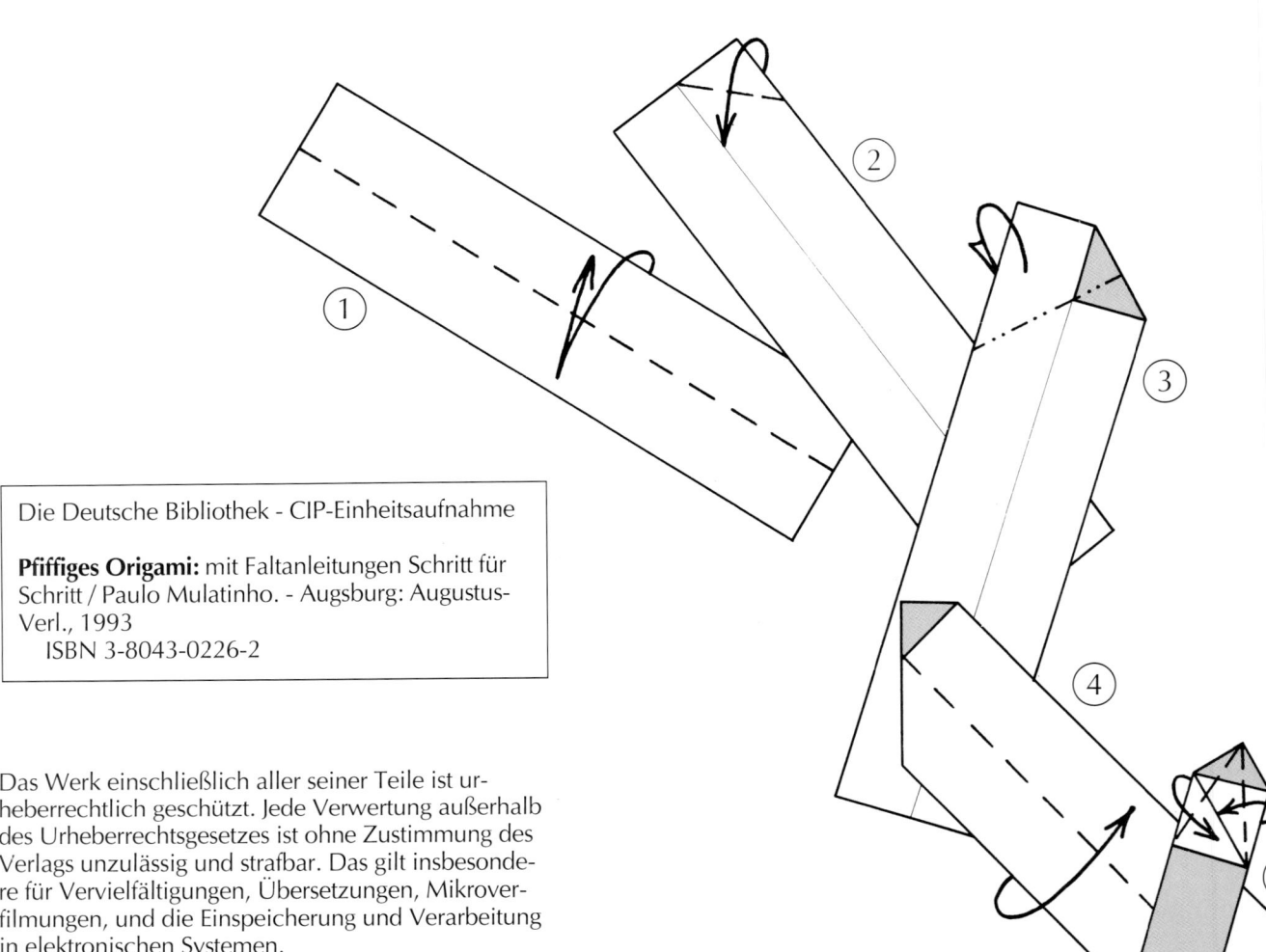

Die Deutsche Bibliothek - CIP-Einheitsaufnahme

Pfiffiges Origami: mit Faltanleitungen Schritt für
Schritt / Paulo Mulatinho. - Augsburg: Augustus-
Verl., 1993
    ISBN 3-8043-0226-2

Fotos: Klaus Lipa, Augsburg
Layout: Paulo Mulatinho, Freising,
und Michael Stiehl, Augsburg
Umschlaggestaltung: Christa Manner, München
Lektorat: Michael Schönberger, Augsburg

AUGUSTUS VERLAG AUGSBURG 1993
© Weltbild Verlag GmbH, Augsburg
Satz und Reproduktionen: Fotolito Longo, Frangart
Druck und Bindung: Druckerei Appl, Wemding
Printed in Germany
ISBN 3-8043-0226-2